国家命运

中国未来经济转型与改革发展

吴敬琏 厉以宁 林毅夫 高尚全◎等著

DESTINY
OF THE
STATE

中央编译出版社
Central Compilation & Translation Press

图书在版编目 (CIP) 数据

国家命运：中国未来经济转型与改革发展 / 吴敬琏等著. —北京：中央编译出版社，2015.4
ISBN 978-7-5117-2384-0

Ⅰ. ①国… Ⅱ. ①吴… Ⅲ. ①中国经济－经济发展趋势－研究 Ⅳ. ①F123.2

中国版本图书馆 CIP 数据核字 (2014) 第 248028 号

国家命运：中国未来经济转型与改革发展

出 版 人：	刘明清
出版统筹：	董　巍
责任编辑：	邓永标
责任印制：	尹　珺
出版发行：	中央编译出版社
地　　址：	北京西城区车公庄大街乙 5 号鸿儒大厦 B 座 (100044)
电　　话：	(010) 52612345（总编室）(010) 52612371（编辑室）
	(010) 52612316（发行部）(010) 52612317（网络销售）
	(010) 52612346（馆配部）(010) 66509618（读者服务部）
传　　真：	(010) 66515838
经　　销：	全国新华书店
印　　刷：	山东鸿杰印务集团有限公司
开　　本：	710 毫米 ×1000 毫米　1/16
字　　数：	308 千字
印　　张：	20.75
版　　次：	2015 年 4 月第 1 版第 4 次印刷
定　　价：	58.00 元
网　　址：	www.cctphome.com　邮　箱：cctp@cctphome.com
新浪微博：	@中央编译出版社　微　信：中央编译出版社 (ID：cctphome)
淘宝店铺：	中央编译出版社直销店 (http://shop108367160.taobao.com)

本社常年法律顾问：北京市吴栾赵阎律师事务所律师　闫军　梁勤
凡有印装质量问题，本社负责调换。电话：010-66509618

目录 CONTENT

Chapter 1
第一篇 未来改革与发展

吴敬琏：中国向何处去 /3

林毅夫：中国经济增长的可持续性 /21

李义平：中国经济升级版到底升什么 /27

孙立平：理解新一轮改革的四条基本线索 /33

汪玉凯：本轮改革的核心是政府改革 /41

蔡昉：中国经济要发展需深挖改革红利 /53

何茂春、张冀兵：新丝绸之路经济带的国家战略分析 /64

Chapter 2
第二篇 转型期经济走向分析

厉以宁：中国经济的双重转型 /81

张卓元：中国经济必须迈过转型"坎" /87

樊纲："十三五"GDP年增速可望不低于7% /94

李稻葵：三方向将成中国经济的新增长点 /104

姚景源：改革转型期的中国经济走向分析 /114

黄志凌：中国经济增长变轨与经济政策指向 /127

目录 CONTENT

Chapter 3
第三篇 国有企业与混合所有制

高尚全：经济体制改革潮下企业的机遇和挑战 /147
张维迎：国企的出路是民营化 /153
张文魁：国企改革必须依靠产权改革这把总钥匙 /159
盛　洪：维护垄断，国企会烂得更快 /165
黄群慧：非公企业参与国企改革仍需清障 /184

Chapter 4
第四篇 土地所有制与房地产趋势

陈锡文：农村土地制度改革的重点与路径 /199
华　生：中国土地制度改革何处去？ /206
余永定：中国房价还有相当下跌空间 /222
贾　康：推进房产税可避免房价"蹦极" /227

目录 CONTENT

Chapter 5 第五篇 户籍制度改革与城镇化

党国英：我国户籍制度改革还可拓展思路 /233

迟福林：以转型改革破题新型城镇化 /241

李佐军：推进我国新型城镇化 /249

王　建：只有城市化能够救中国 /262

Chapter 6 第六篇 财税体制与金融改革方向

辜胜阻：新预算法将引领国家治理现代化 /271

郑新立：深化金融体制改革的方向和重点 /278

高培勇：将新一轮财税体制改革纳入全面深化改革大局 /288

刘尚希：地方税改革关乎国家治理 /295

李　扬：投资仍是稳增长的主要动力 /299

王国刚：金融改革大方向：回归实体 /311

前言 PREFACE

中国作为世界第二大经济体,未来经济增长前景从来没有像今天这样令世界70亿人、200多个国家关注。

在经历了过去30年年均9.8%的GDP增长后,中国的经济增长已连续三年多放缓了——这是自1979年改革开放政策出台以来的首次长时间经济减速。有不少人认为中国经济有可能硬着陆,甚至有人断言中国经济将从此风光不再。

放眼全球,美国奥巴马政府"我能"的誓言在艰难中渐渐降低了音量;欧盟一体化进程正经受主权债务危机的考验;经历了长时间经济低迷的日本,仍在苦苦找寻良性改革的方向。

中国作为世界第一大出口国和异军突起的对外直接投资大国,对开放经济的态度在很大程度上决定着全球开放经济的成色。美国《全球邮报》判断,中国经济未来发展方向,对地球上的每一个人都有潜在影响。

正因如此,明确以"全面深化改革"为主要议程的十八届三中全会和"以依法治国"为主题的十八届四中全会,让中国再次成为全球关注的焦点。这两次"关键性会议",前者提出了综合改革方案,并就全面深化改革进行总体部署。后者提出了坚持走中国特色社会主义法治道路，建设中国特色社会主义法治体系。在中国改革挺进深水区和攻坚期的当下，十八届三中全会被全球媒体冠以中国"改革的拐点"、"经济的分水岭"，为未来5～10年的中国经济改革指明了方向。

那么，作为新一轮全面改革的起点，十八大以来的一系列方针政策为我们勾勒了怎样的改革路线图？诸多新提法、新亮点、新举措背后，释放出哪些重要改革信号？城镇化改革如何展开？市民化改革如何取得新进展？金融改革着力点在哪？公众关于经济改革的期待是否都得到了满足？怎样妥善应对经济发展"新常态"下出现的困难和挑战？中国经济的高增长能否持续？这是上至国家精英下至普通民众都在热议的话题。

本书着眼于对中国未来经济发展走向的关注与探讨，从转型期经济走势、经济发展动力、新型城镇化、企业发展、金融业、房地产等方面，对中国未来经济转型与改革发展走向进行预测和展望。

本书作者吴敬琏、厉以宁、林毅夫等32位学者都是经济学界的知名专家，是研究中国未来经济发展形势极有影响力的人物。相信本书对党政干部，经济领域与社会各界人士了解和洞悉我国未来经济转型与改革发展会有极为重要的参考价值。

编者

2015年1月

第一篇　未来改革与发展

中国向何处去

吴敬琏

吴敬琏

现任国务院发展研究中心研究员、中国人民政治协商会议全国委员会常务委员兼经济委员会副主任、国务院信息化专家咨询委员会副主任、国务院发展研究中心学术委员会副主任；《改革》《比较》《洪范评论》杂志主编；1984—1992年，连续五次获得中国"孙冶方经济科学奖"。2003年获得国际管理学会（IAM）"杰出成就奖"；2005年荣获首届"中国经济学奖杰出贡献奖"。

十八大的历史意义

十八大和十八届三中全会开启了改革的新进程，具有伟大的历史意义。

十八大的历史意义是什么？最重要的意义就在于它回答了近十年来讨论的一个问题：中国向何处去？它对此做出了一个明确的回答。

改革开放以来，我国已经多次站在历史的十字路口上，多次遇到了往哪走、向何处去的问题。比如，粉碎"四人帮"后，当时整个社会、整个国民经济都处在一个濒临崩溃的边缘，这时就遇到一个问题：往哪里去，是遵循"两个凡是"，继续沿着原来的道路往前走，还是要改革？

上世纪70年代末期给出的回答是：要改革。一开始，如何改革搞不清楚，只能摸着石头过河。摸着石头过河采取了一系列的变通性政策，改变了原来政策的某些方面，使得国民经济很快得以恢复。

80年代中期，又面临一个问题，是做一些变通性的政策调整，还是要建立一个新的经济体系？因为当时只在大的政策框架没有变的情况下做了一些调整，就出现了一些问题，叫双重体制并存。原来的计划体制仍占优势，同时又放开了一点市场，允许个体经济存在。

但是这样的体制能长期持续吗？问题演化到80年代后期，因为双重体制（双轨制），出现了很严重的腐败现象。拿到行政批文就可以低价进高价出，这就是"官倒"，群众对此意见很大。当时，计划钢材的价格是800元／吨，但市场上的钢材价格已经到了1500元左右。

又一个十字路口出现了。是继续维持双轨，还是进一步推进改革，建立一个社会主义的商品经济，也就是所谓的市场经济？因为这个问题没有处理好，就迎来了一个大的变革。

由"官倒"腐败引发的社会动荡，引起了1988年的严重通货膨胀和1989年的政治风波。1988年的经济风波和1989年的政治风波以后，就出现了从商品经济倒退到计划经济为主的状况。虽然邓小平同志坚决抵制，说不能恢复计划经济，但是变相的计划经济与市场经济相结合，又导致了1989年、1990年和1991年连续三年的停顿。此后，中国向何处去的问题在邓小平同志南巡讲话之后才被拨正了船头。

1992年，党的第十四次全国代表大会确定，要建立社会主义市场经济体制的目标模式。1993年，十四届三中全会的50条决定，就是关于建设社会主义市场经济的问题的决定，是一个总体设计。1994年，开始全面改革。这个改革奠定了我国在20世纪经济开始腾飞的基础。1997年，党的第十五次全国代表大会确定了对所有经济结构进行调整，核心问题就是对国有经济的布局进行有进有退的调整和对所有企业的公司化（或者叫股份制）改革。

1994年开始的经济改革，包括外汇体制改革、财政体制改革、银行体制改革等，到1997年国有经济的布局调整和国有企业的公司化改革，使得我国在上世纪末期建立起了社会主义市场经济的初步框架。但是党的第十四次全国代表大会和第十五次全国代表大会推进的改革，并没有完全推进这个策略。因此，十六届三中全会做出了《关于完善社会主义市场经济若干问题的决定》。《决定》指出，我们在经济发展上还存在许多体制性障碍，体制不完善，经济体制发展存在许多问题，许多重要领域必须继续进行改革，以确保在20世纪末期初步建立起来的社会主义市场经济体制得到进一步完善。

回过头看，十六届三中全会虽然做了这个决定，但并没有实质性的执行。一方面，是因为从上世纪末到本世纪初，改革改善了社会经济状况，在经济形势很好的情况下，人们推进改革的动力减弱了。中国的改革，往往只有碰到问题需要解决，人们才有动力和迫切需求，但对于进一步改革没有信心。另一方面，改革需要革自己的命，人们会有犹豫，缺乏动力，思想上也产生了阻碍。

改革就是逆水行舟，不进则退。到2003年、2004年，改革开始出现停顿，甚至出现了部分领域的倒退现象。所有企业的公司化或者股份制改革，看起来好像都要上市，但是上市的国有企业是二级公司，一级公司是集团公司，仍然是国有，甚至有些大的国企，改了一半，过了五年又回到了当初。还有些部门，比如电力部门，原本是要把所有的非垄断行业都放开，涉及网厂分开、定价分开、售电分开等。2002年国务院批准的

5号文件,讲的就是电力部门改革。事实上,2002年中央就将网厂分开了,但后面的事情就停顿下来了。如今,又在做进一步的改革,也还是如何完成5号文件推进的改革。

停顿下来是倒退。在多种矛盾造就的尖锐问题面前,到底应该往哪里走?是继续倒退,还是沿着第十四次全国代表大会、第十五次全国代表大会、第十六次全国代表大会,以及十六届三中全会确定的路线往前走,在当时引发了非常大的议论。

党的第十八次全国代表大会对于中国到底应该往何处去,做出了一个明确的回答,而这正是第十八次全国代表大会最重要的意义所在。那么,在本世纪的最初几年里,中国向何处去的问题是怎么重新提出的,十八大又是如何作答的呢?

转型道路之争

20世纪末期初步建立起来的社会主义市场经济体制,还保留着旧体制的许多遗产,不是一个完全的市场经济,计划经济的遗风还存在。它是一个半市场半统制的经济,半统制是半计划经济的表现,是行政命令的经济。

这种经济按过去的说法是一个过渡性的经济。它既有过去体制因素,又有未来体制因素,两种因素此消彼长,但不确定哪种因素在发展,哪种因素在消退。所以就存在两种可能性:一是新的因素逐渐消除旧的因素,二是旧的因素不断强大,把新的因素排除掉。新的因素是市场因素,旧的因素是过去计划经济的因素。

目前,我们的市场经济还不是完全由市场决定的,往往是行政调整的,在这个经济中讨论经济的因素,问题就是在资源配置里到底是市场起决定作用,还是政府起决定作用。所谓倒退就是政府越来越起决定作用,而市场的决定作用慢慢消退了。

2003年到2006年以来,旧的因素没有得到消除,以至于在资源配置中政府起主导作用。十八大以前出现的问题,就是政府的主导作用变得越来越强。

自上世纪90年代以来,城市化加速推进。在大多数国家,城市化是市场的产物,但在前些年,我们的城市化是政府占主导,因此城市化也出现了很多问题。

停滞和倒退,使得我们面临一系列严峻的挑战,特别是在经济增长方式层面。新中国成立以来,我们一直采用的是前苏联式的、粗放的经济增长模式。经济增长的动力,一是靠投资,二是靠效率。粗放的经济增长模式的特点就是,经济增长主要依靠投资为主。经济资源是有限的,依靠投资和资源来维持经济增长,也是不可持续的,而且因为资源的大量消耗,环境受到了严重破坏。

在1995年制订第九个五年计划的时候,国家计委就提出,多年来导致许多经济问题的主要原因就是粗放的经济增长模式。所以,在第九个五年计划里,就明确要实现经济增长方式从粗放增长到集约增长的转变,也就是要依靠效率提高来支撑经济增长。就经济增长方式的转变而言,"九五"计划期间取得了一些成果,但问题没有得到根本解决。

2001年到2005年,是第十个五年计划期。在现行体制下,伴随着城市化进程的加快,政府手里又掌握了一种非常重要而且规模巨大的土地资源。在政府为导向的城市化下,一个重要的目标就是创造政绩,而政府恰恰有这个能力。

农村土地在合作化以后,归集体所有,出让还是不出让掌握在农村干部手里。根据1982年的宪法规定，城市土地是国有的。所以，把农民的土地变成城市建设用地就有一个转手过程，征用农民土地时，是按照农产品产出作价的，而城市土地的价格则是按照城市的作价，差价巨大。一亩地的价格从几千元涨到后来的几万元，以至几十万元、上百万元。

政府因为握有大量的土地资源，所以就用大量的投资来拉动经济增长。21世纪初期，许多地方都在用大量的巨额投资去发展资本密集型产业，去搞形象工程和政绩工程。所以，"十五"计划期间，经济增长的方式不是在转型，而是变得更加粗放。

制定"十一五"规划时，又发生了一场大争论。是按照"十五"计划期间的路子，用大量的投资发展资本密集型的重化工业和形象工程来拉动经济增长，还是转变经济增长方式，重新回到"九五"计划制定的经济发展转型道路上去？

寻租是腐败的根源

经济增长方式之所以难以实现转型，是因为体制性障碍。政府有太大的配置资源的权力，而且把GDP增长看作是政绩的主要表现。各级政府要动用手头配置资源的能力来创造GDP的高速增长，最好的办法就是投资，投资资本密集型的制造业，搞城市建设。

经济增长方式的转型被作为一条红线，贯穿在"十一五"规划里。但后来的事实证明，"十一五"规划执行的情况仍然不好。2010年，时任国家主席的胡锦涛提出"经济发展方式的转变刻不容缓"，并开了一个省部级的研讨班，专门讨论转型经济发展方式。在当年中央党校开学典礼的讲话上，他更是提到了50

次"加快",转型的确已经刻不容缓。

转型难带来的严重问题,一个直接的表现是资源短缺越来越严重,一些主要能源、原材料的依存度变得越来越大。此外,环境的破坏也已经威胁到了人们基本的生存。

人类生存离不开三个基本条件:一是土地,目前华中地区重金属污染非常严重,已经渗透到了食物链中;二是水,整个华北也面临着严重的水危机;三是空气,青岛的空气污染情况比北京要好,但今天(8月16日)的污染指数也达到了102,按照世界卫生组织制定的标准,这已经威胁到了人的生命。

从宏观意义上讲,问题就是因为过量的投入。用过量的投入去支持增长,不仅不能持续,还会造成货币超发,最集中的表现就是负债率太高,也就是国家资产负债表或者叫国民资产负债表。有负债是因为投入得太多了,只能靠借钱来维持资产平衡,经济学上叫杠杆负债率,负债率太高就可能出现债务危机。

具体而言,资产负债表分为三部分:个人的、企业的和各级政府的。西方国家金融危机的主要问题就是资产负债的杠杆率过高,主要表现在个人和政府层面,而我国则主要表现在企业和各级政府层面。资产负债表有一种经验指标,大概是一年GDP的200%,我国资产负债表的杠杆率达到了250%,已经超过了危险数。

超出之后,一方面导致有的企业因为还不起债务出现偿债危机,进而减值,引发其他资产贬值,以及其他企业资产负债表出现问题。另一方面就是导致腐败蔓延。

腐败问题的出现是在改革以后的上世纪80年代后期。从1987年到1989年风波,其核心问题就是官场腐败,而且已经变得非常严重。关于腐败从何而来,当时有两种意见。一种意见认为是因为资产阶级思想的侵蚀。改革开放以后,由于搞市场,货币的作用提高了,人们的贪欲也随之扩大了,造成了腐败;另一种意见认为,腐败是生锈了的计划经济这个机器的润滑剂。在计划经济体制下,人们没有贪欲,当一天和尚撞一天钟,整个经济没有活力,办企业也非常困难。腐败虽然不好,但这个润滑剂却让整个经济动了起来,也是为了发展经济不得不付出的代价。第二种意见并不为大多数人所认同,但第一种意见也是危险的,因为它的结论是改革造成了腐败,那就意味着改革的方向错了。

事实上,这两种意见都是不对的。在20世纪后半期,政治经济学出现了一个词,叫寻租。寻租是说,行政权力对集体活动的干预造成一种可能性,使得有的人能够利用权力去得到利益,所以腐败活动的本质是权力寻租。这种意见被大多数人所认同。所以,解决寻租问题,根本上就是要阻止行政权力对经济活动的干预。凡是行政权力对经济活动进行干预,就造成一种寻租的环境,能够接近权力的人,就能够利用这种制度用权力去"致富"。所以,寻租活动才是腐败的根源。

进入21世纪,政府握有的资本越来越多。一种理论认为,为了遏制腐败,应该增强政府对市场的干预,加强政府配置资源的权力。适得其反的是,这恰恰扩大了寻租活动的体制基础,助长了腐败。

因为有好处和利益,人们又有了一种造租活动,或者叫涉租活动。十八大以前,有的地区,企业登记注册要盖100多个章。多一个章就多一层利益,腐败因此变得越来越猖獗。权力有价之后,就出现了买官卖官,以至于腐败活动已经侵入了党政军组织的内部。

建立统一开放、竞争有序的市场体系

在此时,关于"中国向何处去"的问题被重新提出。一种观念是坚持市场化制度,让市场决定;另一种观念是强化政府在资源配置中的作用。十八大给出的明确回答是:必须以更大的政治勇气进行改革;经济改革要坚持社会主义市场经济的改革方向,核心问题是解决好政府的问题,更大程度发挥市场经济的作用;进一步加快民主制度化,实现国家各项工作的法制化。

根据过去进行系统性改革的经验,通常分三步:第一步制定目标,第二步做总体规划,第三步执行。党的第十八次全国代表大会制定了目标,十八届三中全会的决定则是一个路线图,也就是总体规划。

十八届三中全会做出了全面深化改革的主旨,要求在2020年前建立起《中共中央关于全面深化改革若干重大问题的决定》所要求的体制。《决定》约2万字,涵盖15个领域60项具体任务。其中15个方面的改革任务中,6个关乎经济,1个是与经济密切相关的生态文明体制,占了所有改革任务的近一半。

经济体制改革是全面深化改革的重点,核心问题是处理好政府和市场的关系,使市场在资源配置中起决定性作用和更好发挥政府作用。习近平总书记在十八届三中全会上对《决定》草案做说明时,特别指出"进一步处理好政府和市场关系,实际上就是处理好在资源配置中,是市场起决定性作用还是政府起决定性作用"。

经济体制改革要达到的目标,就是要使市场在资源配置中起决定性作用。党的十四大明确提出:"我国经济体制改革的目标是建立社会主义市场经济体制。""就是要使市场在社会主义国家宏观调控下对资源配置起基础性作用。"虽然往前走了一步,但后来又停顿了,甚至倒退了,实际是政府在起重要作用。十八大以前,政府的手伸得太长了。所以,李克强总理说,要"壮士断臂"。

如何让市场在经济中起决定性作用?除了依靠思想教育,还要有一定的体制。十四大以后,要让市场在资源配置中起基础性作用,但体制没有变,甚至出现了倒退,政府越来越在资源配置中起决定性作用,这是十八大前的一种状态。十八届三中全会最重要的一句话就是,要建立一个什么样的体制才能保证市场在资源配置中起决定性作用。

还有一句话的内容非常丰富,不能一放而过,那就是"建设统一开放、竞争有序的市场体系,是市场在资源配置中起决定性作用的基础"。它是一个体制基础,只有建立起了这个体制基础,市场才能起决定性作用。

要什么样的体制?就是统一开放、竞争有序的市场体系,其包含了统一、开放、竞争、有序、市场体系等五个内容。

20世纪末期,我们把市场经济的体制初步建立起来了,但因为仍然保留着旧体制下各级政府行政权力在资源配置中的重要作用,因此这个市场还存在着很多很严重的弊病,使得市场机制不能有效地发挥作用。这不是一个统一的市场,而是一个分割的、被切割得非常碎的市场。

行政权力体系不外乎是由条状和块状两种方式组织起来的。条状是部门,条与条之间是切割开的;块状是分地区,块与块之间也把经济活动切割开来。条块分割的结果,使得统一的市场变成了割据的、碎片式的、不统一的市场。

亚当·斯密曾讲过，市场规模越大，市场效率越高。欧洲人现在也认识到，变成一个共同市场，效率会更高。我国自1994年改革以来，有所进步，但地方保护、部门保护等仍然妨碍着市场的统一，而我们要建设的是一个统一的、一体化的市场，中间没有行政的割裂和阻碍，经济活动畅行无阻。美国是个联邦制国家，每个州都有立法权，但宪法里有一个条款叫商业条款，规定凡是妨碍市场统一性的，有地方保护色彩的，任何州立法都是违宪，而违反宪法是无效的。

在开放层面，过去讲"国有企业入正册、集体企业入副册、非公有制企业入另册"，当时的所有制不是对所有的市场整体开放。虽然十五大之后有所进步，但这种玻璃门、玻璃天花板直到今天仍然存在。民营企业，特别是没有权力背景的民营企业融资困难，融资成本差别巨大。所以，我们要建立一个对所有的市场都平等开放的市场。

竞争是市场制度的灵魂。市场配置资源是通过平等竞争形成的价格引导资源的流向，但在我国，因为行政权力的干预太大，除了部门保护、地方保护之外，还有一些行政授权的阻碍，所以，市场不是一个竞争性的市场。比如电力部门的改革，提出要消除垄断，鼓励竞争，但改革在进行了两三年之后就停顿了。电网是唯一的买家，也是批准的唯一卖家，不是一个竞争的市场，而是一个垄断的市场。所以，我们要强化市场的竞争性，保证所有的市场主体都能得到平等的待遇，能平等地参与竞争，建立一个竞争性的市场。

现代市场活动要建立在规则的基础上，如果没有良好的秩序、法制和执法环境，市场是无法运转的。我们在改革初期形成的市场，虽然没有很强的法制和司法，但仍能够运转，是因为早期的市场是"熟人市场",经济学上叫"人格化的市场",市场的范围很小,在里面活动的都是熟人,彼此之间很自然地形成一个网络。在这个市场里进行商业活动,人们不敢骗人,不敢失信,因为一旦失信,所有市场的参与者都会知道。而现代发展起来的市场叫"陌生人的市场",或者叫"非人格化的市场",人们之前不认识,之后可能也不会往来。一个人如果骗了10个人或者100个人,仍然有几亿,甚至几十亿的人不知道他是骗子,他可以继续行骗,也没有一种力量可以威慑他,使他遵守规则。这个时候,就只能靠法制,靠第三方执法。如果没有法制,整个经济活动就无法有序进行,所以强调法制和有序,就是要使其在一个运转很好的规则基础上进行。

关于市场体系层面,市场性的体系通常分为两类:商品市场和生产要素市场。生产要素市场里还包括土地市场、矿藏市场、滩涂市场等自然物市场,以及劳动力市场和资本市场。对于资源配置来说,生产要素市场比商品市场更重要。我们的商品市场还不是很成熟,生产要素市场更是特别落后。

建立一个统一开放、竞争有序的市场体系,是要把所有的市场,特别是最落后的生产要素市场、资本市场建立起来,这样市场才能在资源配置中起决定性作用。完成了这个改革,才会形成一个新的经济体制,十八届三中全会对此的描述是"企业自主经营、公平竞争,消费者自由选择、自主消费,商品和要素自由流动、平等交换的现代市场体系"。336项改革里,一半左右是围绕这个目标进行的。但要推进具体项目的改革,仍然不要忘了最终的目标和方向,否则就会产生误导。

当下的任务是执行和攻坚克难

在十八届三中全会《决定》这个总体方案制定出来以后，当下的任务就是执行。执行必然会碰到很多阻力和障碍，所以要攻坚克难，不断克服，尤其要注意三个方面的问题。

一是意识形态的障碍。改革30多年来，我们提倡干部和群众学习邓小平的中国特色社会主义理论，但仍不能低估反映旧体制意识形态的影响。新中国成立以来，我们引进的是前苏联的经济体制和政治体制，它给我们造成了很深的影响。

以自身为例，1948年我考入大学，但真正的学习并不完整。1952年调整后，新换的是从全国抽调来的一批骨干教师，但他们先要到中国人民大学接受苏联专家的直接培训，两年后再来教我们，教材也换成了苏联的。比我们年轻的一代、两代，甚至是现在这一代人，也许会比我们好一些，但也好不到哪里去。因为大家都没有认真地学习，学的还是苏联的那一套。

邓小平讲什么是中国特色的社会主义，针对的是什么？他讲了很多次。以前根本不知道，前苏联那一套让我们吃了很大亏。比较清楚的是1984年十二届三中全会通过的《关于经济体制改革的决定》，提出改革的目标是建立商品经济，或者叫有计划的商品经济，后来才开始叫中国特色的社会主义。虽然改革已经进行了30多年，但现在仍有人提起社会主义，还是前苏联那一套。

二是既得利益。我国绝大多数人都从改革中得到了既得利益，但通常这部分人只要认真学习，加强教育，不会成为改革的阻力。之所以成为了阻力，是因为我们体制中还存在一些旧体制的遗产，存在用权力寻租的制度基础。这些靠体制毛病得到利益的人，通常被叫作"特殊既得利益的人"，他们依靠权力"发财致富"。他们不只是受利益影响，还包括了自身的觉悟和意识层面。十八大之后，一大批贪官被揪了出来，这些人是不太可能同我们一起进行改革的。

三是各种矛盾。过去体制上的缺陷和经济发展方式上存在的缺点，导致了许许多多矛盾和困难的出现。一句话，就是"要用更大的勇气和智慧去攻坚克难"。所谓政治勇气，就是要毫不动摇地捍卫改革开放这个伟大事业，要有政治觉悟和魄力去排除这些障碍。当下我们面临的问题，已经不像改革开放初期那么简单。经过30多年改革开放的发展，经济体系也变成了一个复杂的经济体系。就规模而言，是世界第二，但就复杂程度而言，是30多年无法比拟的。

系统性风险是可控的

改革过程中，需要面对许多经济困难，比如资源短缺、环境恶化、产能过剩、货币太多、企业经营困难、GDP增速下降、投资拉动效果不佳，等等。宏观上的集中表现就是，国民资产负债表上的杠杆率有发生系统性风险的可能性。

困难面前，意见不一，可以简化为两种。一种观点认为，应该采取强刺激的政策。市场上对此的呼声很高，但很多经济学界的人士都不赞成这种办法。它的好处是能够在短期内提升增长率，但坏处是还得继续走老路子，继续用粗放的方法，用宏观经济政策增加货币投放和投资需求，而不是提高效率。企业因为政策上的刺激，也不会努力改进提高技术，结构得不到优化，该淘汰的淘汰不了，经济转型无法完成，只会更加粗放。目前，货币流动量已经是 GDP 的一倍，继续采用强刺激的政策会导致货币超发更加严重，负债率更高，也就更加大了发生系统性风险的可能性。

另一种观点认为，应该在控制系统性风险的前提下，把主要力量放在促进改革上。根据历史经验和理论分析，只有促进改革才能提高效率，提高效率也才能从根本上解决这个困难。

有没有可能控制系统性风险？是有可能的。为此，需要采取一些措施。

一是要停止无效回报的投资。要把有限的资金投到最需要的地方，而且要讲求回报，否则在资金链断裂、杠杆率高的情况下，就会有风险。二是要停止对"僵尸企业"——就是那些不能起死回生的企业——投资。三是不能动用国有资本去偿还政府的或有负债。资产负债表从表面看不出是欠账了，但实际上欠账了。比如说社会保障资金的缺口，因为后来将其改成了社会统筹与个人账户相结合，老工人没有账户也没有钱，就成了空账户。政府一方面靠补贴，另一方面把现有职工交的钱先拿出一部分来填补。等到现有职工将来也要养老的时候，就又形成了空账户，所以从中长期看，社会保障资金的缺口会很大。四是对资不抵债和负债率很高的企业，要实施资产重组。对于破产的资产管理公司，应该取消刚性兑付，否则小震累积起来，就会变成大震。五是应该盘活由于粗放增长方式造成的死资产。很多地方搞开发区、征地，然后或闲置，或建了大量的楼盘，但楼盘卖不出去，就应该想办法将其盘活，这都会降低资产负债的杠杆率，防止出现系统性风险。六是要辅之以宏观经济政策，主要是货币政策。

目前，我国货币发行量的增长率在 13% 左右，比之前的 16% 到 22% 的确紧缩了，但态势仍是扩张。2014 年上半年，我国 GDP 的增长是 7.4%，可以容忍的通货膨胀率约在 3% 以下，所以正常的货币供应量增加应在 10% 左右。货币增长率比过去紧缩了，但与 GDP 的增长和预期的通胀率相比，还是超过了两者的总和，仍是超发。货币是短期调节，很灵活，但不应采取扩张的政策，此外要防止出现系统性危机，防止出现崩盘。

改革需要加快

改革在某些层面推进得不错，但在有些领域，推进得仍然不够，需要加快。对于经济增长率的下降，人们既关心又忧心。稳增长的目的不是增长本身，而是为了保就业、保民生。

最近几年，经济增长率在不断下降，去年降到 7.7%，但就业情况良好。2013 年预计目标是实现 950 万人就业，最终完成了 1300 万。2014 年上半年 GDP 增速继续下降，降至 7.4%，就业的情况却比去年还好。所以，对于增长有所下降，不要只看数字，而应关注是否能保就业、保民生。

通常人们会误以为，增长率和就业是正相关的，但事实证明并非如此。我认为，核心问题在于增长结构，有的部门的增长对吸收就业的能力是很弱的，有的吸收能力很强。如果结构的优化使得吸收就业能力强的部门增长快，吸收能力差的部门增长慢，那么就业在增长率下降的情况下，可能有所好转。

变化来自于我国第三产业的增长率超过了第二产业的增长率。转变经济增长方式，要提高效率。通常，提高效率可以采取四个方面的措施：一是劳动的智能化。二是增加制造业的服务成分，向微笑曲线两端延伸。现代制造业的特点就是服务化。微笑曲线的前端是研发、设计，后端是渠道管理、售后服务、金融服务等。在过去，这两端是第三产业，而不是制造业。三是发展服务业。四是用现代信息技术改造整个国民经济。

2012年，我国第三产业的增长速度与第二产业齐平；2013年，第三产业占GDP的比重第一次超过了第二产业。"十一五""号召"了五年没有发生重大变化，但从2012年开始变了，最主要的原因就是两项改革。

一是从上海开始的营改增，后来推行到全国，现在要进一步推广到整个第三产业。营业税最大的问题是重复收税，因为它是根据全部营业额来征税的。而增值税是以商品（含应税劳务）在流转过程中产生的增值额作为计税依据而征收的一种流转税，有增值才征税，没增值不征税。所以，营改增之后，鼓励增值，特别是服务业，也因此带动了服务业的发展。比如网购，一个阿里巴巴和淘宝就带动了很多行业，包括快递、结算、网店等，分工集中化了，服务业的发展也就快了。

二是从广东、深圳开始，新一届政府推行的行政便利化。就去年的数据来说，各地的工商登记有了百分之几百的增长，这同样推动了服务业的快速发展。

两项改革，其实都是"小试牛刀"，但却起了大作用。所以，十八届三中全会全面深化改革方案的向前推进，对于转变经济发展方式，从源头上遏制腐败，都将会起到极大的促进作用。当下，我们的任务就是贯彻执行十八届三中全会《决定》。它增强了我们的信心，使我们相信改革能够解决问题。

中国经济增长的可持续性

林毅夫

林毅夫

原世界银行副行长,曾任北京大学中国经济研究中心主任、教授、博士生导师。中国人民政治协商会议第七、八、九、十届全国委员会委员、中国人民政治协商会议全国委员会经济委员会副主任、中华全国工商业联合会副主席,并于2005年获选第三世界科学院院士。1993年起享受国务院有特殊贡献专家津贴。

中国经济增速持续下降的原因

自1979年改革开放以来,中国创造了无数奇迹,GDP年均增速高达9.8%,2010年中国成为了全球最大的出口国,2013年成为最大贸易国。根据世行数据,按购买力平价计算,中国很有可能在今年年底成为世界最大经济体。但是,最近中国增长的可持续性成为热门话题,原因在于从2010年第一季度开始,中国经济的增长速度逐季下降,持续已达17个季度,为改革开放以来所不曾有过。国外许多经济学家和媒体评论者认为中国经济增速的持续下降是由于内部难以解决的结构性问题所致,中国经济的崩溃难以避免。

处于转型期的中国经济必然存在许多结构性问题,但是,近年来中国经济增速的下降并不在于内部的结构性原因,而在外部的周期性因素。2010年至2013年,中国GDP的增速分别是10.4%、9.3%、7.8%、7.7%。同期,其他新兴市场经济体,比如印度的GDP增速分别为10.1%、7.0%、5.3%、4.9%,巴西则分别为 7.5%、2.7%、0.9%、2.2%，都和中国同样下滑而且比中国严重，总不能说是由于中国经济内部的结构性原因使得中国经济的增速持续下滑，而且，也使得印度和巴西的经济不仅同样下滑而且下滑的幅度还更严重。不仅新兴市场在同一时期是这样，一些高收入、高表现国家也出现了同样的情形：比如韩国，2010 年的经济增速是 6.3%，2011 年是 3.7%，2012 年是 2%，2013 年稍微上升到 2.8%；新加坡，2010 年为 14.8%，2011 年下降到 5.0%，2012 年则是 1.3%，2013 年则上升到 3.7%。这些高收入、高表现国家不存在和中国一样的结构性问题，但是他们也出现了与中国 2010 年以来一样的增速下滑。从这些比较不难看出导致这些国家在同一时期经济增速持续放缓必然是共同的外部原因。

如何稳增长？

对于任何一个国家来说，经济增长有三驾马车：一是出口，二是投资，三是消费。就出口来说，发达经济体，如美国、欧洲和日本，没有完全从 2008 年的金融危机中复苏，经济和居民收入尚未恢复正常增长，从而导致对其出口增速下降。1979—2010 年，中国每年出口增长 17%，现在则还不到 10%，今年出口增长的目标是 7.5%，很有可能达不到。就投资来说，2008 年的全球危机爆发后，每个国家都采取了反周期的积极财政政策支持投资，从 2008 年到现在大部分项目已经建成，若没有新的项目，投资的增速必然下降。至于消费，中国消费的增速和其他国家相比还比较正常，所以，中国经济还能保持中高速的增长。从上述比较和分析可以看出，那些认为自 2010 年以来的增速放缓是中国经济内部的结构性问题导致，中国经济必然会崩溃的说法是讲不通的。

自2008年全球危机爆发以来，发达国家虽然已经有所复苏，但是，欧洲、美国、日本都尚未进行必要的结构性改革以恢复经济正常增长的活力，所以，很可能陷入长达10年或更长时间的低增长、高失业、高赤字的新常态。对发达国家的出口增长不容乐观，我国确实需要调整增长模式，从出口拉动的增长转为由内需拉动的增长。不过，我不同意中国应该从投资拉动型的增长转向消费拉动型的增长的观点。消费固然重要，但是以消费来推动增长，就意味着每一年都必须要增加消费。唯一能够保证每年增加消费的只有增加收入，也就是说每年都要提高劳动生产率。怎样提高劳动生产率？技术创新，产业升级发展高附加值产业，改善基础设施，降低交易成本，这些措施都需要投资。如果劳动生产率和收入不提高，只刺激消费，刚开始人们可能会用自己的储蓄来增加消费，但是等到几年之后储蓄用完就需要举债，债务积累多到要还债时就会爆发危机。所以，提高投资效率是必要的，但是认为中国应该放弃投资推动的增长模式改为消费推动的增长模式则是不正确的。

经过35年的高速增长之后，中国仍然存在很多经济和社会回报高的投资机会。第一是产业升级，中国很多行业都存在过剩产能，但作为一个中等收入国家，仍有机会进行产业升级，这种升级需要投资。第二是基础设施。中国已经在这方面进行了很大的投资，但在过去主要投资都放在城市之间的交通，比如高速公路、高铁、机场等，而城市内部基础设施仍较落后，像地铁、地下管网等。第三是环保。第四是城市化。这些投资都会给经济和社会带来高回报。存在许多经济和社会回报高的投资机会是发展中国家和发达国家的最大差异之一。在需要进行周期的刺激时，发达国家很难找到好的投资机会，而发展中国家这种机会却很多。

要依赖投资拉动经济，除了要拥有良好的投资机会外，还需要有投资资源。第一，中国政府积累的债务只占GDP的40%，与其他国家相比属于较低水平，中国政府还有相当大的财政空间实施积极的财政政策。第二，中国的储蓄率将近50%，政府的投资可以撬动私营领域的投资。第三，投资需要进口技术、设备及原材料，中国的外汇储备有4万亿美元，居世界首位。中国投资的资源多是中国与其他发展中国家的不同之处——其他发展中国家也拥有很好的投资机遇，但是却没有这么多资源来进行投资，一些国家的政府负债率很高、储蓄率低、外汇储备不足，限制了他们进行投资的能力，但中国不存在这些问题。

中国未来经济增长的潜力

综上所述，中国应该可以实现2014年年初所定的7.5%左右增长速度的目标，不仅如此，中国在未来10年或更长的时间里有潜力把增速维持在7%～8%之间。对于发展中国家来说，维持增长速度需要持续地提高生产率，这就需要技术创新和产业升级。发展中国家和发达国家之间存在的区别是，后者进行技术创新和产业升级需要自己发明，可对于发展中国家来说，则具有后发优势，可以在前进过程中借鉴发达国家的经验。现在中国和发达国家的产业技术差距与1950年代的日本、1960年代的新加坡，及1970年代的韩国非常相近。他们在同样的差距水平上保持了20年的8%～9%的增长速度，这也就说明了中国还有 20 年 8% 的增长的潜力。当然，要把这种潜力挖掘出来，中国需要深化改革，消除双轨制改革遗留下来的造成收入分配和腐败问题、影响社会稳定的各种扭曲，发挥有效的市场和有为的政府的作用。

中国经济升级版到底升什么

李义平

李义平

北京大学第一个经济学博士后,中国人民大学经济学教授、博士生导师。中组部延安干部学院特聘教授,全国工商联参政议政委员会委员,北京大学民营经济研究院社会责任研究所所长,中国西部研究与发展促进会首席经济学家,中国民私营经济研究会常务理事,西安交通大学、西南财经大学EMBA教育中心主讲教授。被誉为经济学界的"进京三杰",是著名的实力派经济学家。

经济体制升级的基本原则是要上升到健全和完善的市场经济体制。建立健全和完善的社会主义市场经济体制的基本原则，是正确处理政府与市场的关系。

由美国次贷引发的国际经济形势的变迁，以及人民群众对生活质量和公平分享改革成果的强烈诉求，要求中国经济必须升级。那么，中国经济升级版到底升什么呢？

一、认识层面的升级

认识层面的升级，就是必须明确或者必须重申，经济增长的目的是为了满足广大人民群众日益增长的物质文化需要，而不是单纯追求GDP。选择经济增长的衡量标准，实现经济增长的举措，必须围绕社会主义经济发展的目的。

从最原始的经济学层面看，GDP只是一个营业额，是指在一定时期内，一个国家、一个地区生产的按全部价格计算的一切产品和劳务的价格总和。它掩盖了许多东西，包括一些不好的东西。

例如：（1）它忽略了生活中交易活动之外的活动所创造的财富，特别是自给自足的部分。于是，农民进城虽然有了货币收入，但生活水平可能还降低了，因为缺少了当初自给自足的不计入GDP的部分。（2）人们很多无奈的行为也增加了GDP，比如为防止噪音买双层玻璃，买玻璃会增加GDP，却是不情愿的。（3）资源浪费、环境污染、重复建设对GDP都是正效应，把大楼建了炸、炸了再建也可以增加GDP。（4）用廉价的资源、环境以及劳动力促成的出口，虽然提高了GDP，但不等于提高了人民生活水平。（5）GDP的增加不乏寅吃卯粮，拼子孙后代的资源环境。（6）自然资源的价格被大大低估了。（7）色情文学、毒品交易等也可以增加GDP。（8）单纯追求GDP还可能造成社会不公，人们只看到买汽车的人，没有注意到买不起汽车的人。

世界上先期发展的国家早就开始反思单纯的增长主义带来的弊端，并由此提出了围绕提高人们生活质量和幸福的更为科学的指标。英国学者理查德·杜恩韦特在《增长的困惑》中介绍，这些指标包括：（1）生产和消费的商品及服务的质量。（2）人们享有的环境质量。（3）人们用于休闲时间的比例。（4）收入分配是否公正。（5）工作条件的好坏。（6）获得工作的难易程度。（7）未来的安全性。（8）人们的健康水平如何。（9）文化活动水平、教育水平以及享用权。（10）社会提供的住宅的质量。（11）形成令人满意的信仰或精神生活的几率。（12）家庭及其幸福。这些标准相当多的如同社会主义生产目的，我们应当回到社会主义生产目的上来。

二、由大到强的升级

中国经济到现在仅仅是做大了，还没有做强。我们可以从各方面对这一判断作出论证。首先，可以从纯粹经济学的角度把一国经济发展分为三个阶段：即模仿——创新——世界知名品牌。我国很多产业还处于第一阶段，自主创新不够，世界性的知名品牌不多。其次，还可以从一个产业发展的逻辑顺序将其分作三个阶段：第一阶段是研发，第二阶段是制造，第三阶段是品牌经营。我们相当多的产业承接的是制造阶段，附加值不高、研发不够，有突破性的知识产权的产品不多。最后，设想一下，假如GDP可以用秤称，我们的单位美元GDP肯定比发达国家"重"。源于GDP的构成中知识产权产品不多，第三产业特别是生产性现代服务业占比较低，大量的是制造业，相当多的还处于附加值不高的低端。而发达国家GDP构成中知识产权占比较高，还包括文化产品、现代服务业以及精细制造业等。如果说到GDP的"颜色"，发达国家"绿"的程度较高，而我们则不够"绿"。

现阶段中国经济面临的任务必须由大到强，只有这样才能拓宽发展空间，才能跨越"中等收入陷阱"。必须通过制度安排充分调动和塑造全社会的创新能力，而不是停留在口头上。

三、生态文明必须升级

快速的经济增长造成了环境的严重污染，一些地方政府血拼GDP，不惜牺牲环境。个别不负责任的学者关于经济发展难以避免环境污染的言论，对污染更是推波助澜。环境污染表现在各个方面：一是土壤和食品及饮用水的污染；二是空气的污染，今年冬天，持续的雾霾几乎覆盖了大半个中国，在严寒的冬天人们还盼望冷空气的到来，以吹散雾霾；三是土地的污染。土地污染来自化肥的不适当使用和企业排污，特别是深层排污；最后是各种电磁和噪音的污染。

污染的原因首先在于认识，认为GDP、税收比环境重要，认为可以先污染、后治理。污染还在于体制，且不说个别环境部门监管不力，从体制上，当把环境部门置于同一级政府的领导之下时，只要政府主要领导把GDP增长放在环保之上，环保部门就很难有所作为。环保关系到人民群众的健康和生命，命比GDP更重要。我们是后发展国家，完全可以发挥后发优势，吸取先期发达国家经济发展的经验教训，再也不能走先污染、后治理的发展之路。中国经济升级，环境必须升级，生态文明必须升级。环境升级和生态文明升级是经济升级的重要标志。

四、体制的升级

既有的靠政府特别是地方政府推动的体制，在拼速度方面具有比较优势，中国经济要升级，经济体制必须升级。经济体制升级的基本原则是要上升到健全和完善的市场经济体制。建立健全和完善的社会主义市场经济体制的基本原则，是正确处理政府与市场的关系。

1. 政府要发挥好功能，就必须按照市场经济千万次证明了的要求，在其具有比较优势、提供公共产品的领域充分发挥作用。只要政府创造了好的环境，提供了好的制度安排，企业自然会作出卓越的贡献。因为说到底，经济发展更多的是一个微观层面的问题，政府千万不能直接扮演市场主体的角色，包括过度的招商引资。

2. 经济升级，需要更多的创新。这是市场经济下的创新。这就要求我们的体制和文化能够吸引人，能够激发人民群众的创造性，能够有利于创业，能够容忍"异想天开"，能够包容失败。政府还要通过必要的制度安排，让各种经济成分公平进入。只有公平进入才有平等竞争。政府千万不能自己破坏公平竞争，一些审批，包括补贴，一定意义上在不知不觉中破坏了公平竞争的环境。在什么方向上、什么程度上进行创新，以及产业选择，都是市场的事，都是企业家的事。亚当·斯密曾经指出，千万不能把投资的权力交给大言不惭的国会议员，讲的正是这个道理。

3. 切实改变对地方政府和干部的考核和衡量标准，在干部选拔上让人民群众有更多的发言权。对于干部和政府的考量标准，应当从社会主义制度的要求，从社会主义生产目的出发，更多地着重于社会公共目标的考核，例如教育、医疗、环境、社会公正等，努力使政府与经济发展保持适当的距离。对环境问题的考核，可以考虑实行一票否决。在干部选拔上应当让人民群众有更多的发言权。现在，有的干部明明在胡作非为，例如疯狂圈地，包庇污染企业等，人民群众却往往无能为力。这种状况必须改观。

4. 经济发展说到底是一个微观层面的事，企业家一定要认识到，精细化是工业文明的基因，过度的商业化、过度的急躁不利于精细化。要认识到仅仅有资金，没有核心技术和市场需求，是支持不了一个企业发展的。现在看来，几乎什么产业都可以赢利，关键是比别人做得好。伴随着经济的发展，企业家也必须升级。

理解新一轮改革的四条基本线索

孙立平

孙立平

　　清华大学社会学教授、博士生导师,研究领域为中国社会结构变迁、转型社会学。代表作有《社会现代化》《"过程——事件分析"与当代中国国家——农民关系的实践形态》《断裂》《失衡》等。

究竟怎么看十八届三中全会以来的这场改革，大家和我一样，还是有很多的困惑。而且，现在是改革开放 30 年来最让人们困惑的时期。以前困惑在"改还是不改"，现在是要改了，国家发改委发了关于全面深化改革的决定，但困惑却比原来更多——改革就是改这些？将来改的结果可能会怎样？

改革面临的旧体制和新弊端

从前年夏天开始我就讲，现在是一个重要的转折点，是一个新 30 年的开端。简单回顾一下过去 30 年是怎么走过来的。我们把它叫作一个改革开放的时期，深圳是和这 30 年相伴随的。现在回头看，改革开放之初我们对一些事情想得有些简单，有一些很重要的事情没想到。

按照当时的逻辑，我们只能想到两种结果——成功和失败。如果最后走到了那个预想的终点，我们说改革就成功了；要是回到原来的起点，我们说这改革就失败了。其实还有第三种可能，这是当时没想到的——就是走到中间不走了，停在那，没走到终点但也没回到起点，过去叫"过渡"状态，而且固化成相对稳定的体制。这个体制最突出的特征是什么？就是权力和市场结合在一起。

中国最重要的一些改革，包括后来的一些改革思路，可以说是在改革开放前十几年形成的。但在过去30年改革的后半段，大家都感觉到实质性改革措施越来越少，不但实质性改革措施越来越少，把中间状态固化成权力和市场结合在一起的体制，形成了相对稳定的利益格局，以及强有力的既得利益集团。

从这个时候开始，我们觉得这个社会和原来有点不一样了。像上世纪80年代那样生机勃勃的局面很难再看到，整个社会越来越沉闷，各种社会问题、社会矛盾不断增加，甚至一些本来的好事到最后都办成坏事。

三中全会是在什么样的情况下召开的？就是中间这个地方，那边是过去的30年，这边是将来的30年。对中国则意味着在这样一个重要时刻做了一个决定，要打破过去十几年形成的僵局，继续推进社会变革。

上一轮改革，改的是从中华人民共和国建立后一直到"文革"走到的极端旧体制，其最突出的特征就是权力压倒一切，国家控制所有资源，经济上就是计划经济体制。十八届三中全会之后的第二轮改革不一样，它得改两个东西。

一个是在第一轮改革中没有真正解决的旧体制的问题，虽然计划经济已经被打破，但权力压倒一切这个最核心的问题没改。另一个是过去30年改革形成的新弊端，用简单的词概括就是权贵，权力和市场结合在一起。原来的权力行使机制只是权力本身，现在这个权力的行使有了两种机制——权力机制、市场机制，并在这个基础上形成相当稳定的利益格局，甚至是强有力的权贵既得利益集团。这个权贵既得利益集团是一个非常强大的力量，占有了大量资源，同时拥有权力资源和经济资源，而且盘根错节。它的核心影响就是对法治的破坏，对民众权利的打压，对公平正义的损害，对社会秩序的侵蚀。而且，造成了五大危害：活力下降，整个社会的活力在下降；两极分化，整个社会贫富悬殊越来越严重了；法治倒退；社会的溃败；甚至是生态的灾难。

简单说，第二轮改革面临的就是旧体制和新弊端。

我认为这轮改革和第一轮改革明显不一样，但又密切联系。

这些年大家都明显感觉到权力的力量太大，是改革往前走的最大弊端。现在的改革，反腐败就是开始动这堵墙。思考社会过去十几年为什么动不了，实际上是因为形成了整个的一套安排，就像一筐螃蟹互相牵制着，出不了事，也干不了事。如果不打破这个僵局，什么都谈不上。过去这一年多的改革就是破局的过程，现在已经站到了这一步，由不能动变成可以动了。但问题是如何真正像三中全会讲的那样全面深化改革？我最主要想谈四点。

激发经济与社会活力

第一条基本思路和线索是激发经济与社会活力。权贵既得利益格局造成的五大危害之一就是社会活力不断下降。深圳是因改革开放而诞生的城市，过去几十年发展这样快的基本动力就是改革开放，但如今在深圳很明显地感觉到，这个活力可能跟原来不一样。我经常到深圳，一些朋友讲这个城市过去的那种活力、氛围在不断消失。这是深圳本身的问题，实际上也是中国的一个缩影。

看这一年多陆陆续续打出的老虎就能感觉到，社会最重要的资源有相当一部分已经掌握到权贵手里。说得更准确一点，现在中国最重要的资源在两个地方，一个是国企，一个是权贵。这样的情况下，别的人想得到一点机会很难。

一个社会有没有活力、有没有动力非常重要，为什么这些年社会活力在下降？很重要的就是权贵垄断，所以大家都知道三中全会关于这轮改革的基调就是发挥市场的决定性作用，我觉得就是重新激发经济和社会的活力。

如果不了解这个背景，或者换一个学者，可能讲的是转变政府职能，减少政府对市场的干预。但我认为这是第二位的，要真正发挥市场的决定性作用，第一位的是破除权贵垄断格局。因为这些年市场活力下降和权贵垄断有很大关系，不破除垄断别人想得到机会都不可能，机会资源都在他的小圈子里，哪来的市场决定性作用？然后才是转变政府职能，减少政府对市场的干预。

怎么才能减少政府对市场的干预？有人马上讲要减少政府审批项目。有没有道理？当然有，但我的看法不是这么简单。查一下资料就可以发现，过去十几年在中央和省市自治区这一层，审批项目已经减少了三分之二。但你可以问问民营企业家，是否觉得这些年政府的市场干预少了呢？我问了很多人，绝大多数说没有，甚至有人说比原来还厉害。这说明不是简单的减少审批的问题，问题的关键是权力的本质，它的特点是无所不在，渗透一切。

促进社会的公平正义

这轮改革的第二条基本思路和线索就是促进社会的公平正义，这和刚才说的旧体制、新弊端又有着密切关系。

看待社会公平正义最低的标准，就是老百姓遇到事情能找个说理的地方。上一轮改革要解决的是吃饭问题，但不能解决了几十年到现在还是吃饭问题。对三中全会之后改革思路的理解，我认为公平正义占有极为重要的位置，因为公平正义是我们这个社会最基本的症结。经济活力、社会活力弱化最根本的问题在哪？我觉得其实也是公平正义的问题。

最近，格力空调的老总董明珠说："我们现在企业需要的不是政府扶持，我们需要公平正义。"格力空调在市场上算是比较强势的，但它感同身受最关键的是公平竞争问题。这些年为什么经济活力下降？很重要的原因是竞争环境不断恶化，尤其是和上世纪80年代、90年代初期、90年代中期相比，可以说公平竞争大不如从前。

对这个事情特别要看到一点，随着时间的推移，尤其今天在座的有很多年轻朋友认为，公平正义会成为一个越来越突出的问题。为什么？80后、90后、00后，这几个年龄段的人也就10年、8年的时间将成为社会的主体，他们对社会的要求和我们完全不一样，我们觉得重要的他们觉得不重要，我们觉得能忍的他们不能忍，我们觉得虚无缥缈的他们觉得重要。

今年年初，娃哈哈的老板把企业交给他女儿，他女儿今年年初说的一段话引起了很多议论，"政府一定要明白我们这代人和老爸这代人很不一样，政府要学会怎么和我们打交道。李嘉诚纷纷把企业从大陆迁出去，我们不排除这种可能性。"她的话代表了年轻一代的真实想法，公平正义绝不要看作是一个虚的问题，而是一个越来越实在、现实的问题。

明确依法治国之后

第三条基本思路和线索就是法治，依法治国。中共十八届四中全会对依国治国和法治国家建设作出了全面部署。刚才我提到了权贵既得利益格局对法治的破坏，在适当时候反腐败，对权贵垄断系统的清理，实际就是要为权力设一个限制，知道什么是不能触犯的底线，什么是非法的。这是我们走向法治的第一步，没有这样的清理要走向法治真不太容易。更进一步的问题是走向什么样的法治？大家都知道有两种，一种是"法制"，一种是"法治"，走向哪个是问题，这两个很不一样。

所谓法制，本来的意思是法规和规章，是一套制度，无论什么样的事都有一个法律的罪名，这叫法制。如果这样理解法治，不是真正的依法治国，最后是以刑治国，严刑酷法。中国历史上严刑酷法的时代很多法家就是这套传统，这是从秦始皇的时代开始的，不是真正的法治。

"法治"和刚才的"法制"不一样，指的是治理国家的原则。法律处在至高无上的地位，无论是社会还是政府，都得受到法律约束，而且任何社会主体在法律面前一律平等。这个法治和那个法制不一样。我们现在要建立法治了。大家知道三中全会主题就是法治，依法治国。

其实，现在说要加强法治，不是谁爱好不爱好的问题，是没有法治确实很多问题解决不了。现在政府法制办是制度的制，

《法制日报》是制度的制，人大、政协有法制委员会，都是制度的制，但这次三中全会的决定把法制统一到治理的治，至少字面上有进步，问题是将来法治实质会往哪条走。

重建社会的基础秩序

第四条基本思路和线索是遏制社会的溃败，重建社会的基础秩序。这次三中全会决定有一个很重要的提法，说实现国家治理体系和治理能力的现代化，是作为这次改革的总目标之一来提的，我觉得非常重要，甚至有人把它叫作"第五个现代化"，就是实现整个国家治理的现代化。

前面说的权贵既得利益格局造成的危害之一是社会的溃败、社会秩序的混乱，在过去20多年不但形成权力和市场结合的机制，不但形成了既得利益格局、既得利益集团，而且社会在某种程度已经失去了有效的治理。而这种破坏并不是在表面的，而是更深层的，把社会的最基本观念，甚至人们思考问题的逻辑都破坏掉，这是最难办的。比如，人不能说假话，否则最基本的原则被破坏了。在这样的情况下，可以理解三中全会提出建立现代的国家治理体系的意义。

我觉得这轮改革得解决这个问题，也只有在解决这个问题的基础上，才能够建立起现代的国家治理体系。大概两个月前，中央提出要建立全民社会信用体系，我觉得这很重要，这个政策就是通过一些最基础的建设形成现代国家治理体系的基础。

本轮改革的核心是政府改革

汪玉凯

汪玉凯

教授、博士生导师,享受国务院特殊津贴,有突出贡献专家。主要从事公共管理、行政改革、电子政务以及非赢利组织等领域的研究。因提出加快省直管县改革的五条建议而为业内典范。现任中国行政体制改革研究会副会长,国家行政学院电子政务专家委员会副主任、教授,国家信息化专家咨询委员会委员,中国(海南)改革发展研究院学术委员会委员、政府改革研究中心主任,中国人民大学国家社会发展研究院学术委员会委员,北京大学政府管理学院、大连理工大学管理学院、东北大学工商学院博士生导师。

2014年的中国处于一个新的历史节点上。作为新一轮改革的元年，多项改革措施正在按照十八届三中全会决定的部署稳步推进，但是今天的改革与30多年前的改革相比难度更大，要求更高。当前，中国进入改革攻坚期和深水区，必须重构政府和市场关系，发挥市场在资源配置上的决定性作用；全力保障民生，维护社会的公平和正义；创新社会治理，释放社会活力；用法律构建制度笼子，用制度管人管权管事；加大政府自身改革力度，以提高政府的公信力。

中国进入第二次改革新阶段

全面深化改革的《决定》中对目前中国形势的判断，基本上可以归纳为两句话：中国发展进入新阶段，改革进入攻坚期和深水区。如果说1978年开始的改革开放是第一次改革的话，那么十八届三中全会确定的全面深化改革可以称之为第二次改革。我们即将进行的60项改革，几乎都是建立在对这一新阶段的判断基础之上。

在我看来，这个新阶段有三个显著的标志：第一，改革开放的整体格局发生重大变化；第二，传统的发展方式已经走到尽头；第三，中国社会面临的风险有增无减。

第一个标志，改革开放的整体格局发生重大变化。当前的改革开放整体格局，可以用三句话来概括。第一，中国改革发展取得巨大成就，但是人们对改革的认知度和共识度大大下降。在目前环境下，凝聚、重构改革的共识，比当年发动改革更难。第二，中国的"双转"（社会转型和体制转型）在快速推进，但也积聚了很多社会矛盾和冲突。第三，中国在国际上的影响力越来越大，在世界上的话语权越来越大，但是中国的形象不断被西方国家所误解误读，这背后更多的是大国之间的经济利益博弈。

第二个标志，传统的发展方式已经走到尽头。直接表现为，一方面中国经济快速发展，但是另一方面我们付出高昂的代价。目前的经济发展模式已经难以为继：其一，低成本出口战略，以金融危机爆发为标志，难以为继；其二，低端产业主导经济结构难以为继；其三，资源和环境的传统使用方式难以为继；其四，社会分配不公引发的社会问题使社会稳定的大局难以为继。

过去的35年，中国维持年均9.8%的高增长，但它是三高换一高和一低，即资金高投入、资源高消耗、环境高污染，换来35年的高增长和低效率。这是因为我们大量消耗能源，透支资源，破坏环境。

第三个标志，中国社会面临的风险有增无减。当前中国至少面临四种风险，一是经济风险，二是社会风险，三是信任风险，四是政治风险。

一是经济风险。现在经济下行压力越来越大,经济风险集聚。尽管刚刚公布的经济数据已经证实高层主要领导的判断,就是中国经济还没有出现大问题,我们提升经济增长的质量,有意降低经济增长的速度。但是经济的隐忧非常明显,其中最大的风险有三个:一是房地产泡沫;二是地方债务;三是影子银行,一方面流动性泛滥,另一方面银行圈钱。这三个方面相互联系,一个方面出了问题,都可能引起连锁反应。尽管经济没有出现大问题,但如果经济增长速度过低,就可能引发大规模的失业和社会动荡,对此不可小觑。

二是社会风险。当前社会风险最大的问题,就是社会利益格局整体被扭曲了。原因主要有三方面。一是分配制度不合理。35年来,城乡差距、贫富差距、行业差距和地区差距不仅没有缩小,而且差距越来越大。一端是中国1.2亿人没有解决贫困问题,另一端是中国富人在全世界一掷千金。二是机会不均等。企业和人的发展都不处在同一竞争起跑线上。国有企业过于强势,民营企业相对弱势。人和人的发展也不处于同一个起跑线上。有人说中国进入全面的拼爹时代,这种现象出现,说明阶层相对被固化了,底层青年往上的流动空间越来越少了,这就可能引发动荡。王岐山同志为什么推荐官员看《旧制度与大革命》?意思就是说改革不能慢,慢了以后,可能爆发危机。三是既得利益兴风作浪,起到推波助澜的作用。

三是信任风险。政府给老百姓的医疗、教育、社保、社会服务等承诺,如果不能兑现,不能让老百姓享受到改革开放的成果,老百姓很难再次信任党和政府。习近平总书记上台不久,做的第一个判断是,腐败亡党亡国。后来他又做了一个判断,他说人心向背决定执政党的生死存亡。习近平总书记后来的判断，更加接近问题的本质，这便是信任风险。

四是政治风险。能不能构建起制度笼子，防止整个制度腐败的蔓延，不仅关系到腐败本身，而且关系到我们能不能重构改革的共识，让老百姓第二次起来支持我们的改革。应该说，新一届领导上任给解决这些问题和风险提供了重要的时间窗口，也奠定了重要的基础。但要化解这些风险，需要以更大的勇气、更大的毅力，通过全面改革来化解这些问题。

政府改革处于公共治理变革核心

过去的30多年，我们以经济体制改革为主干展开各项改革，其他改革说到底是为经济改革服务的。但是我们越来越看到，党政机构、政府越来越成为社会矛盾的中心，成为社会矛盾的聚焦点。所以尽管这次三中全会决定说，未来我们要以经济改革为牵引，以经济体制改革为重点，但是，经济改革目标的实现，主要障碍都不在于经济领域，而在于政府，根本是政治行政领域改革，这是当前深化改革的关键问题。公共治理变革的重要性日益凸显，这其中党政机构和政府又处在公共治理变革的核心地位。

为什么说党政机构和政府的改革的重要性处于核心地位？我认为，至少有三个原因。第一，其他各项改革能不能推进，以及在多大程度上推进，几乎都和执政党、政府有关。经济改革、政治改革、社会改革、文化改革、生态改革、执政党制度的改革，这六大改革每一项都和执政党、政府自身有关。以经济改革为例，收入分配制度改革、国企改革、金融改革、财税改革、投资体制改革，这些经济领域的改革，好改的早改过了，剩下难改的都和政府有关，如果没有政治体制改革的推进，这些改革是不可能成功的。第二，政府治理的能力直接影响国家治理的成效。国家治理体系、治理能力包括很多内容，既包括组织体系、法制体系、体制机制，也包括管理观念、管理水平，是全方位的。在整个国家治理架构中，政府治理处在第一线，国家治理的很多目标通过政府治理来实现。如果政府自身问题不解决，能力不高，直接影响整个国家的治理水平。第三，从政府层面来讲，至少现在我们还有三个问题迫切需要解决。其一，整个治理结构不够科学，不管党政的问题也好，政府内部的组织架构也好，都还有很多关键性问题没有解决好。其二，政府管理中的深层次问题，一直没有得到老百姓的认可。这些深层次问题包括，转变政府职能滞后的问题，政府自身改革滞后的问题，行政审批过多过滥变成腐败温床的问题，还有社会管理、公共服务薄弱的问题。在这些关键问题上，老百姓不满意。其三，政府形象问题。政府的行为一直得不到有效控制，政绩工程、形象工程劳民伤财，严重影响政府的形象。所以从这些方面讲，公共治理变革的紧迫性可想而知。

未来中国公共治理变革主要表现为：一是要优化公共治理的体系和结构；二是要突出政府改革，如转变职能、创新政府管理方式；三是要提高公共治理能力，包括提高公务员队伍素质；四是要加快建设法治政府和服务型政府建设步伐。

此外，有五个核心议题亟待解决。

第一，重构政府和市场关系，发挥市场在资源配置上的决定性作用，逐步使政府治理现代化。要发挥市场决定作用，主要解决两个问题：一是要开放市场，二是政府要向市场放权。

从开放市场来看，这次改革决定里的一大堆问题都是围绕这个话题展开的，包括建立统一的市场体系、打破行政壁垒、开放金融、开放服务业、反对垄断、改革国有企业、构建公平的市场竞争环境。政府向市场放权，一共有五大举措，比如说减少投资审批、减少对生产经营活动的审批、减少不必要检验检测许可认证、减少行政事业性收费、改革企业注册登记制度。鼓励创业，降低市场门槛。宽进严管，先让人进来，进来再按照企业管理法管，不是一开始就把人挡在门外。政府必须在市场决定论基础上，发挥宏观调控、市场监管、公共服务等功能。

第二，全力保障民生，维护社会的公平和正义。过去这些年，中国改革受到老百姓最大的置疑就是公平正义。三中全会推进的60项改革，有18项和民生有关，全力保障民生，体现社会公平公正。具体来讲，要加大对民生的投入，要加大与民生有关的体制机制改革的力度。比如，取消事业单位如医院、学校、科研机构的行政级别。医院改革，不能以药养医，医药要分家；教育改革，要保证教育公平公正，改革基础教育，减少考试科目。所有这些改革几乎都涉及和民生有关的体制机制。又比如说，要建成统一的城乡建设用地市场，让农民有更多的财产性权利，各种要素能够自由流动。我认为，这次改革很大的一个着眼点，就是要让公平正义照耀在农民这个最大的弱势群体身上。过去这些年，我们最大的教训之一，就是双重剥夺农民。从改革开放到现在，农村共有2.6亿农民离开土地了。他们进城后，没有和城市人处在同等就业起跑线上。他们干的全是最脏最累的活，拿到的报酬相当于城市人的一半，年龄大了，干不动了，到乡下养老，城市和他没有关系。这是第一重剥夺。我们的城镇化异化成圈地化。中国的城镇化根本上变成一个城市空间的扩张和侵蚀过程。我们的土地制度规定，农村土地归集体所有，城市土地归国家所有。在征地过程中，给农民一些补偿。除了公共用地，剩下的土地被政府高价卖给开发商，地方政府独享了巨额的土地增值收益，把农民这个土地的本来所有者，排除在参与土地收益分配的门槛之外，这是第二重剥夺。这次围绕土地制度改革，将是中国进行的又一次土地改革，土改的直接受益者是农民。

第三，创新社会治理，释放社会活力。整体上，我们在很多方面走偏了方向，把社会管理变成了对人的行为管控。这次决定扭转了这种局面，把国家管理变成国家治理，政府管理变成政府治理，社会管理变成社会治理，治和管这个字的改变，意义重大。这次包括废除劳教制度、改革司法审判制度、省级以下司法实行垂直管理，将来可以建地区性法院，主要是解决地方权力对司法审判的干预，要保证司法公平公正，为我们下一步司法审判相对独立奠定基础。再是要对社会放权，四大类社会组织都放开了，取消双边管理。社会治理最终是要释放社会活力，不是把每个人都管起来，不是把行为控制起来。

第四，用法律构建制度笼子，用制度管人、管权、管事。中国的现有体制有很多优势，比如说，可以集中力量办大事，但是最大的软肋是到现在没有找到一个四两拨千斤的管理、约束公权力的制度设计。这次专门设立了一个纪律检查的专项小组，下决心解决中国的软肋。比如说，它利用法律构建制度，用制度笼子来管人、管权、管事，让人民有监督的权利，公开透明，构建权力清单，保障干部清正、政府清廉、政治清明。再就是创新监督的体制机制，除了省以下司法相对独立、垂直管理之外，要改变纪检监察体制，就是同一级党委再没有权力提名同级纪委书记、副书记了，由上级纪委提名，这个书记、副书记是双重负责制，既要对同级党委负责，也要对上级纪委负责。再就是巡视制度的广覆盖、全覆盖，不仅党政机构，还有事业单位、国有企业。此外，对官员提出更严格的要求，比如不准超标配办公室，不准超标配车，等等。

第五，加大党政自身改革力度，提高公信力。包括转变作风，降低三公消费，反对四风，公开透明等。特别是八项规定出来后，产生相当大的影响。

现在高层领导是严厉治官。我在10年前，曾提过中国公共治理的14字方针，第一严治官，第二善待民，第三创新政体，第四稳定银根。没想到10年以后，这届政府意图很清晰，严厉地控制、管理官员，螺丝将会越拧越紧。但同时，这是一个痛苦的过程，可能会是一个大浪淘沙的过程。经过这样的严格控制以后，一些被淘出来的人可能是意志薄弱者。

但是中国的核心问题在于用人，所有的问题都在于用人这个问题上。如果不解决用人这个问题，很多问题解决不了。一把手用人，一把手说了算，这是非常大的问题。我曾经在这方面写过一些建议，我建议，县一级的书记和县长由一个人来当，人大主任不能由书记兼任。两条线选出一个一把手，这不改变党管干部的原则。党组织可以推荐四个到五个合格的书记候选人，让党员代表大会投票。候选人演讲，党员代表大会认为将来谁当书记合适，投票出来，一二三四排出来，前三名就竞争县长去。候选人到人代会去演讲，竞争县长，最后人代会认为谁最合适，谁当选县长，谁就既是县长又是党委书记。让党员和人民群众决定一把手。这样他就既要对上面负责，也要对下面负责。第一任人唯贤，第二任人唯信。当一把手以后，任命哪一个局长，书记兼县长说了算，但是要承担连带责任。这样既能体现中国共产党的执政领导地位，也能保证决策的效果和不腐败。人大主任是独立的一条线，纪检是一条线，两条线监督一把手。

排除改革阻力需要更大的勇气和智慧

就我个人理解，在未来公共治理变革中，最大的阻力可能来自于两个方面：一是既得利益，二是政府自身。

十八大以后，最高领导层不断对整个改革的趋势做判断，比如说，改革进入深水区，改革要啃硬骨头，改革没有坦途，改革要涉险滩，改革准备付出成本。这些说法，都说明一个问题，就是当前的环境下，改革难度大、阻力大、风险大。十八大后不久，李克强总理多次强调，动利益比动灵魂更难。习近平总书记也多次讲，要有更大的勇气和决心，冲破利益固化的藩篱。习总书记没有直接用既得利益四个字，但是在我看来，他说的利益固化，主要就是指既得利益。包括他最近进一步对整个反腐败说很多狠话，"刮骨疗毒，猛药治病，反腐败不设上限，清除害群之马"，所有这些，都是有所指的。这些判断就说明，既得利益已经在事实上成为中国改革最大的阻力和风险。

所谓既得利益，就是通过非公平竞争的手段和方式，借助公权力和政策资源，获取巨额利益的相关体。我在2011年发表过一篇文章，系统分析中国目前既得利益的表现形式，主要包括三个灰色：灰色权力、灰色资本、灰色暴利。

既得利益主要依赖公权力的影响力，通过子女、配偶、亲戚、朋友，在市场进行资本套现，一夜之间就变成亿万富翁，这是最大的腐败、真正的腐败。现在中国的既得利益至少有三个形态，一是以贪腐官员为代表的权贵既得利益，二是以垄断行业为代表的垄断既得利益，三是以房地产和资源行业为代表的地产和资源既得利益。这三大既得利益，既掌握权力，又掌握资源，还掌握资本，羽翼丰满，实力雄厚，控制着相当多的中国社会财富。

在目前中国环境下，既得利益至少激化了三种冲突：一是官民冲突，二是劳资冲突，三是贫富冲突。社会上弥漫着仇富仇官的心态，群体事件的后面、大量黑色资本的后面，我们都可以看到既得利益的影子。改革最大的困难就是和既得利益作战，危险还没有过去，是我们战胜既得利益，还是既得利益最后吞噬我们，现在还难以下定论。所以二次改革的成败，在很大程度上，取决于我们能不能有效地遏制、战胜既得利益。

第二种阻力来自于政府自身。政府不是有意识的阻力，其自身的惯性就可能对这次的全面改革形成阻力。这种阻力包括三个方面：一是观念，二是审批制度，三是部门利益。

现在的审批制度，几乎可以看作是由计划经济转向市场经济过程中演变出来的怪胎。李克强总理说，他这届政府一共要拿掉567项审批事项，去年不到一年，就拿掉了334项。审批改革如果不到位，改革很难成功，向市场放权，向社会放权，就都是空的，而审批改革难度阻力是很大的。再一个是部门利益，权力部门化，部门利益化，利益个人化，个人利益团体化。我觉得如果没有760万公务人员观念的变革，没有观念的更新，肯定会成为改革的阻力。观念中核心的有三个，政府的角色观念、服务观念、法制观念。我以法制观念为例，就会说得更清楚一点。政府权力受到严格的法律限制，即法律不授权，政府无职权。

政府权力和公民权力是相反的。公民权力在法律上规定的是不能做什么，不能杀人，不能放火。但是法律规定对政府来讲是你只能做什么，没有规定的你都不能做。所以才有一句话叫依法行政，依法行政的另外一个解读就是政府的所有作为都要有法律依据，否则就是乱作为。习近平总书记上任以后，非常重视法制，包括十八届三中全会，也讲到法制中国，要树立宪法的权威。

我觉得，如果没有正确的法制理念，我们的官员可能就会成为这次改革的阻力。所以，中国在这样的环境下，就要以更大的勇气和决心来化解阻力，靠共识，靠思想解放，靠创新。如果没有1992年邓小平南方谈话，中国改革到不了今天。所以这次全面深化改革方案的实施，又到了这样的关键时刻。我们越敢出手，越敢在关键领域推进改革，我们面临的危机风险越能够化解，也越能够获得老百姓的信任和支持，中国共产党的执政地位就会越巩固。

中国经济要发展需深挖改革红利

蔡昉

....

蔡昉

现任中国社会科学院人口研究所所长、研究员,中国社科院研究生院教授、博士生导师,全国人大常委,兼任浙江大学"卡特中心"教授、北京天则经济研究所特约研究员、农业部软科学委员会委员、劳动与社会保障部专家委员会委员。

改革开放 30 多年来，中国经济实现年均 GDP 增速 9.8% 的目标，取得了举世瞩目的发展成就。但近几年，随着我国潜在增长率的下降，GDP 增速连续几年降到两位数以下，国内外出现了对未来中国经济发展前景的质疑之声。中国原有的人口红利逐渐消失，导致潜在增长率下降，进而影响经济，使增速放缓。我认为，未来不能指望需求方面的刺激政策来解决这个问题，而应通过提高潜在增长率的一系列改革，带来显著的改革红利。

中国经济换挡符合经济发展规律

大多数了解世界经济发展的经济学家，无疑都认可高速增长之后要经历增长减速的过程，进入常规增长阶段，这种现象自然也同样适用于中国。美国经济学家艾辰格林等人在分析多国历史数据后发现，以一个特定的人均收入水平为拐点，年均增长率从之前的平均 6.8% 下降到之后的平均 3.3%。分别看不同的国家可以得出结论,减速本身是发展阶段变化的自然结果。然而,在换挡期采取什么样的应对之策,却决定一个国家从高速增长进入较低速度但更可持续的增长,还是一路减速至长期经济停滞。正是在后一情景下,某些一度经历快速增长的发展中国家陷入了"中等收入陷阱"。

中国经济目前正在经历这样一个自然减速的过程,也就是常说的经济增长换挡期。在过去 36 年时间里,在改革开放创造了有利于经济增长制度条件的同时,劳动年龄人口持续增长、人口抚养比稳步降低为中国经济增长提供了人口红利。人口红利表现在几个方面:

第一,较低且不断降低的人口抚养比有利于实现高储蓄率,保证经济发展所需的资本积累,同时劳动力充分供给阻止了资本报酬递减,保持投资对经济增长的巨大贡献份额, 这个抚养比如果下降,意味着经济食之者寡,生之者众。第二,充足的劳动力供给和以劳动者受教育程度为载体的人力资本,对经济增长作出了贡献。第三,农业剩余劳动力大规模转移到非农产业,意味着资源实现了重新配置,推动了生产率的迅速提高。根据我们的测算, 在 1982—2010 年期间的 GDP 增长中,资本投入的贡献率为 71%,劳动投入的贡献率为 7.5%,人力资本贡献率为 4.5%,人口抚养比贡献率为 7.4%,全要素生产率贡献率为 9.6%。

多年来,中国人口结构发生了明显变化,作为长期低生育水平的结果,15～59 岁劳动年龄人口的增长速度逐年减慢,并于 2010 年达到其峰值,此后开始绝对减少。与此同时,人口抚养比则由下降转为提高。人口结构的这种根本性变化,首先表现为普通劳动者的短缺和工资持续上涨,制造业生产成本大幅度提高，传统比较优势趋于丧失。更重要的是，由于劳动力不再是无限供给，在中国资本报酬递减现象已经发生，投资的回报水平显著降低。而农业剩余劳动力的逐渐减少，也将减缓劳动力资源重新配置，从而缩小了生产率提高的空间。因此，可以预期中国将经历一个经济增长速度减慢的过程。

一个经济体的增长率取决于供给和需求两个方面的因素。从供给方面来看，生产要素的供给能力和生产率的提高速度，决定GDP的潜在增长率。而从需求方面来看，出口、消费和投资需求决定了该经济体是否能够在其潜在供给能力上实现增长。

由于人口因素的影响涉及劳动力供给、资本回报率和全要素生产率的提高速度，因此，2010年以后的劳动年龄人口负增长，必然导致潜在增长率的下降。根据我们的估算，GDP的潜在增长率，即生产要素供给和生产率提高速度可以维持的正常增长速度，正在从1995—2010年这15年的平均10.3%，下降到"十二五"时期的平均7.6%，到"十三五"时期还将下降到6.2%。

不要指望通过刺激需求重回高增长

大多数悲观论都把中国经济减速归结为需求方面的原因。其中广为流行的说法是，中国以往的增长过分依赖外部需求，不仅应对全球经济的不平衡负责，还导致自身经济增长的不可持续。因此，持这类观点的学者一般建议人民币进一步升值，以及提高国内需求对GDP的贡献份额。与此逻辑相连的政策建议是，既然短期内不可能提高国内消费需求，那么，通过刺激性的宏观经济政策和产业政策，进一步扩大投资规模，则是拉动内需的有效手段。这类政策建议错把经济增长减速归结为需求方面的因素，而不顾潜在增长能力下降的供给方面因素，一旦转变为实际政策，不仅无助于提高增长速度，甚至可能造成中国经济的进一步不平衡、不协调和不可持续。

在人口红利消失、制造业比较优势减弱，从而供给因素制约投资需求的情况下，刺激性政策除了通过补贴等方式保护落后产能，并不会对竞争性的实体经济产生推动作用。由于基础设施需求是由实体经济派生出来的，在实体经济没有更大投资需求的情况下，基础设施建设投资需求也是不足的。所以，刺激性政策除了制造新的产能过剩之外，只会把流动性引向房地产、股市、海外资产和其他理财产品，最终推动经济泡沫。这种情形的一个最糟糕的后果，便是日本在20世纪80年代后期泡沫经济的破裂，以及此后的长期经济停滞。

因此，针对经济增长减速的政策应对，第一步便是使实际增长速度与潜在增长率相适应。宏观经济学中所谓的"奥肯定律"表明，实际增长速度低于潜在增长率的部分，对应着一定幅度的周期性失业，2012年和2013年中国实现了7.7%的增长速度，与潜在增长率是相符的，没有出现明显的周期性就业问题。例如，城镇登记失业率一直保持在4.1%的水平，而调查失业率大体保持在不高于5%的水平。根据测算，由结构性失业和摩擦性失业构成的自然失业率目前大约为4.1%，不高于5%的调查失业率则意味着，周期性失业率最多不会超过一个百分点。大学毕业生就业难或者失业，是一种典型的结构性失业现象，而结构性失业不能靠总量刺激政策来解决。

可见，近年来政府确定的7.5%的GDP增长目标，由于与潜在增长率是相符的，因而也是一个可以接受的增长速度，并不意味着将导致长期的经济增长停滞。实际上，过去两年中央政府没有寻求高于预期目标的增长速度，没有采取短期刺激政策，减少了政府对直接经济活动的过度干预，缓解了产能过剩的进一步加剧，避免了经济泡沫的形成，为改革创造了良好的宏观经济环境。尽管宏观经济受到需求方面因素冲击的可能性仍然存在，应对经济周期的宏观经济政策也有其用武之地，但是，在选择恰当政策手段时，区分长期的结构性因素和短期的冲击因素至关重要。

当务之急是挖掘改革红利，提高潜在增长率

中国经济要发展必须转变发展方式，从劳动力和资本投入驱动型，转向主要依靠创新和生产率提高驱动型。

一般来说，发达经济体处在技术创新的前沿，经济运行的体制和机制也比较成熟，实现每一个百分点的 GDP 增长，都来自于全要素生产率的提高，所以，它们不可能有很快的经济增长速度。最终，中国经济也会到达这个阶段。但是，在那之前，通过消除制约生产要素供给和生产率提高的制度性障碍，在一定时期里仍然可以取得较快的增长速度。换句话说，虽然不应寻求超越潜在增长率的实际增长速度，但是潜在增长率本身是可以提高的，通过全面深化改革取得更快的增长速度，就是获得改革红利的过程。

当前的改革，无论是以"摸着石头过河"的方式所推进的改革，还是"顶层设计"下的改革，都是从群众最期盼领域和制约经济社会发展最突出的问题入手，着眼于清除制约市场主体活力和要素优化配置的障碍，即要求改革促进增长。

有一种观点认为，中国的改革任务与经济增长速度之间存在一种替代关系，为了推动改革必然要牺牲增长速度。诚然，在当前全面改革正在积极推进的同时，中国经济增长率出现较大的下行趋势，与过往10%的增长率相比显然是降低了。不过，中国长期可持续增长，可以通过改革获得新的增长动力和源泉。改革并不必然抑制经济增长，反而应该成为提高潜在增长率的新源泉。

当前，抑制潜在增长率的制度性障碍，包括户籍制度对劳动力供给潜力的制约、现行投融资体制对投资效率改进的制约，以及中小企业和民营经济遇到的融资瓶颈导致的对全要素生产率提高的制约等。通过推进改革消除这些制度障碍，可以立竿见影地提高潜在增长率。

2014年《政府工作报告》指出，全面深化改革要从群众最期盼的领域和制约经济社会发展最突出的问题改起，旨在破除制约市场主体活力和要素优化配置的障碍。从中国经济增长面临的约束条件看，能够显著提高潜在增长率的领域，恰好就是这样一些具有优先地位、需要重点突破的改革领域。例如，相关的一项改革即户籍制度的改革，目标便是通过推动农业转移人口的市民化，建立实现基本公共服务均等化的体制和机制。由于目前农民工就业已经占到城市总就业的35%，这项改革可以大幅度提高农民工的劳动参与率，进而增加整体劳动力供给，并同时提高劳动者的技能，达到延长人口红利的效果。又如，通过发展混合所有制经济、制订负面清单和下放审批权等改革，鼓励更多非公有企业进入竞争性行业，通过建立公平竞争和优胜劣汰机制，同样能达到提高全要素生产率的目标。此外，通过教育体制改革和完善职工培训制度，保持人力资本持续提高，为未来日益加速的产业结构调整升级准备必要的技能型工人，将增进中国经济的创新驱动力。所有这些领域的改革，无疑都能够创造实实在在的制度红利，显著提高中国近期、中期和长期的潜在增长率。

农民工市民化改革效果立竿见影

我们推进农民工的市民化首先是以人为本的要求，由此可以大幅度提高基本公共服务的均等化，特别是社会保障方面的包容性，这不仅有助于显著缩小当前存在的收入差距，更重要的是从制度上切断贫困的代际传递。自2004年出现民工荒并且农民工工资持续上涨以来，城乡收入差距已经出现缩小的趋势，全国的基尼系数也开始降低。但是，如果不能根本解决基本公共服务均等化问题，农村居民或者农民工的子女就仍然要保持农民工的身份，也不能获得同等质量的教育，未来可能成为新的脆弱群体和边缘人群。

从有利于经济增长的角度来看，农民工市民化有利于以改善基本公共服务的方式，代替工资的持续快速上涨，保持农业劳动力转移的速度。过去10年中，农民工工资的实际提高速度高达12%，并呈继续攀升的趋势。而GDP的增长率已经不再能够保持两位数。这意味着工资上涨速度已经超过了劳动生产率的提高速度。这样的话，企业则不能获得足够的时间去进行必要的调整和应对，中国经济的技术结构和产业结构升级会牺牲经济增长速度，产生过大的损失，由此在不久的将来容易使劳动者陷入困难的境地。

因此，借助农民工市民化这一改革增加劳动力供给、提高生产率，从而达到提高潜在增长率的效果，是最大的改革收益或改革红利。

我们设想一下，增加劳动力供给可能有什么方式呢？显然，延缓退休目前还不是可行的办法。因为平均来说，临近退休的职工受教育程度和身体状况都不处在最佳状态，例如，与 20 岁左右的劳动年龄人口相比，年近 60 岁的人群平均受教育年限，将从 10 年下降为 6 年，使得他们学习新技能的过程十分困难，无法适应产业结构升级的要求，在劳动力市场上陷入困境。增加劳动力供给，最大的部分是靠拉动农村劳动力转移。

有学者研究表明，农民工在进城以后的大约 20 年之内，他们的工资即劳动力市场回报可以持续得到提高，意味着他们非常具有生产性。然而，农民工在城里待的时间平均只有 9 年，这意味着他们作为具有生产性的劳动力供给，没有得到充分的开发和利用，即人力资源的浪费。我们也知道，从理论上说，农民工一般每年春节都要做一次决策：春节之后还要不要回到城里。对于年轻人来说，答案是肯定的，但是一般过了 40 岁，考虑到上有老下有小，往往就决定不再进城打工了，意味着退出劳动力市场。显然，如果我们打破这个僵局，通过实现农民工的市民化，继续推动农村劳动力转移，就能改变这种状况。第一是增加劳动力供给，就是让农民工成为真正的城市居民，可以稳定干到退休年龄；第二是给他们更好的激励，如更充分和更均等的公共服务，使其能够继续从剩余状态中转移出来，从生产率低的部门转到生产率高的部门，提高中国经济的生产率水平。

我与合作者曾经进行过一项模拟，分别是关于劳动参与率提高后对经济增长速度的影响，以及生产率提高后对经济增长速度的影响。首先，如果在2011—2020年这10年中每年把非农产业的劳动参与率提高一个百分点，就能够使GDP的潜在增长率提高0.88个百分点，这是可以立竿见影看到效果的。其次，我们还可以假设，如果在今后10年中生产率的增长率增加一个百分点，它所对应的提高GDP潜在增长率的效果更会高达0.99个百分点，几乎是1比1的对应程度。因此这两项改革效果汇总起来，理论上可以带来两个百分点的GDP额外增长速度。

而通过生育政策调整把总和生育率提高到接近1.8的水平，则可以在2030年之后显示效果，潜在增长率可以提高大约10%～15%。

我们知道，当人口红利消失以后，在没有获得改革红利之前，中国的潜在增长率将逐年下降，10年乃至数十年之后，潜在增长率将下降到远低于改革开放35年的平均水平之下，而更加接近于目前发达国家的稳态水平。因此，通过改革获得制度红利，即使增加1～2个百分点，也将有助于中国尽快实现中等偏上收入阶段到高收入阶段的转变，实现中华民族伟大复兴的中国梦。

不仅如此，农民工市民化也是根本改变农业生产方式的唯一出路。在农村剩余劳动力逐渐减少的情况下，农业机械化和生产方式转变将越来越成为农业发展的引擎。换句话说，中国农业的根本出路是通过扩大经营规模、加快技术进步，实现生产方式的转变。目前农村人口与耕地之间的配置状况是，近一个亿的本乡镇就业农民工，同时是兼业农民，他们的承包地是不会转包出去的；1.7亿外出的农村家庭成员，因其家里还有留守的成员，承包地也是不愿意转包的；即使3000多万举家迁移的农民工，因为不能获得城市居民的同等待遇，为了保险起见也不愿意彻底放弃承包地，造成土地不能集中，农业机械化进程受阻，务农劳动力日益老龄化。

当我们知道改革收益大于成本的时候，我们就可以去设计在中央和地方政府之间来分担改革的成本，使得改革得以真正地推进，从而进入改革带来收益，收益进一步推进改革的良性循环。另一项改革正在重新界定中央政府和地方政府的事权和支出责任，对于改革成本的分担，也同样适用于这项改革的理念。例如，义务教育在农民工市民化过程中增加的地方政府成本，就应该在中央和地方政府之间进行重新分配，具体而言，中央政府应该承担这项增量支出责任。这样，不仅可以加快推进以农民工市民化为核心的户籍制度改革，同时解决长期以来义务教育在城乡之间、地区之间分布不均衡的老大难问题。

新丝绸之路经济带的国家战略分析——中国的历史机遇、潜在挑战与应对策略

何茂春　张冀兵

何茂春

　　清华大学国际关系学系教授、博士生导师，清华大学经济外交研究中心主任、国家政策研究中心高级研究员，《中国经济外交年鉴》主编，中华职业教育社理事，中国法学会WTO法研究会常务理事，中国民主同盟中央委员和中央经济及区域规划委员会副主任，并任国际国内多家机构顾问。

张冀兵

　　清华大学经济外交研究中心主任助理，《中国经济外交年鉴》执行主编。

丝绸之路，古已有之，从兴起、繁盛到走向没落，跨越了2000多年的历史。习近平总书记2013年9月出访哈萨克斯坦期间，提出了区域经济合作的创新模式，这一"新丝绸之路经济带"的战略构想，引发各方的高度关注。全球化时代，我国为何再度提出建设丝绸之路经济带的设想？既为创新，"新"在何处？这条古老的文明之路能否再度承载起促进区域安全与繁荣，推动东西方文明交融的历史重任？为了厘清这些问题，我们不妨从历史传承与国际合作两个维度，对新丝绸之路经济带的构想进行梳理，在纵向与横向的比较中进一步认识其内涵，评估其发展可能面临的潜在挑战，进而判断其未来的走势。

新丝绸之路构想的历史传承与具体内涵

丝绸之路的历史，可以追溯到汉武帝派遣张骞出使西域之前数千年。张骞到达中亚后，发现那里已经大量使用中国的竹制品和纺织品。西汉使团凿开亚、欧、非三大洲的通道，被德国地理学家李希霍芬（Ferdinand von Richthofen）命名为"丝绸之路"。实际上，就功能而言，还可以叫"茶叶之路""瓷器之路""欧亚使道"，而且地理上的具体路线也不止一条。历史上，开辟丝绸之路绝非仅仅出于贸易目的，当时的中原王朝为了巩固北方边界的安全，在信息极端闭塞的情况下，凭借传闻与使团的勇气和信念，搭建起连接东西方文明的桥梁。这个过程既有偶然，更是必然。丝绸之路尽管曲折，但仍然是连接亚欧大陆最便捷的通道，极大地滋养了东西方文明的交流，但囿于技术条件、自然条件与政治因素的限制，它难以承载大规模的物质转运的任务。随着航海技术的进步，丝绸之路被效率更高的海运所取代。

近百年来，中国为重新"凿通""丝绸之路"做出了不懈努力。1905年，古丝绸之路上，中国境内的第一条铁路（汴洛铁路）开始修建。无论是清政府，还是孙中山先生的国民政府，都规划了延伸到西北方向的铁路，以便与各国的铁路网衔接。新中国成立后，铁路建设的步伐明显加快，在不到40年的时间里，连接陇海、兰新直达欧洲的铁路动脉全线贯通。

除铁路等基础设施建设投入外，我国更明确提出了相关的战略规划。21世纪以来，中央先后部署了"西部大开发""中部崛起"等重大战略，西部地区建设的步伐明显加快，丝绸之路复兴的前景日渐光明。2005年，"欧亚经济论坛"在西安召开，两年一度的国际论坛成为我国推进丝绸之路复兴的重要多边舞台。2007年，我国与中亚七国[①]计划共同投入192亿美元建设"现代丝绸之路"[②]。2008年，我国与联合国开发计划署及中亚四

注释：

① 哈萨克斯坦、阿富汗、阿塞拜疆、吉尔吉斯斯坦、蒙古、塔吉克斯坦、乌兹别克斯坦。
② 华商网2007年10月10日报道，网址：http://news.hsw.cn/gb/news/2007-10/10/content_6607794.htm。

国[3]联合发起丝绸之路区域项目,共有19个国家响应,各国在日内瓦签署意向书,决定再为复兴丝绸之路投入430亿美元[4]。

2013年9月,习近平总书记完整阐述了新丝绸之路经济带的构想,这一构想既与古老的丝绸之路一脉相承,又充分体现了时代特点。在历史坐标系上,我们可以更清楚地认识新丝绸之路经济带构想的内涵。

首先,在新技术条件下,丝绸之路具备复兴的客观条件。古老的陆路运输技术不足以承载产生规模效益的运输量。但是铁路和公路运输技术的发展,极大地降低了陆地运输的成本。据测算,从我国连云港到荷兰鹿特丹,如果通过丝绸之路,运输距离可比海运缩短9000多千米,时间缩短近一个月,运费节约近1/4。此外,古丝绸之路必须避开山地与沙漠,路线选择范围有限,经济、社会效益不高。而今天,我们的技术水平已经能把铁路修到世界屋脊。因此,与古丝绸之路相比,新丝绸之路覆盖的面积将更广,路线更密集,也更发达,从而可以在更广泛的区域内把资源与市场串联起来。新丝绸之路是在新技术条件下,对古老的交通通道的复兴与拓展。

其次,新丝绸之路构想充分兼顾了国际、国内两方面的战略需求。从国际角度看,丝绸之路两端是当今国际经济最活跃的两个主引擎:欧洲联盟与环太平洋经济带。丝绸之路沿线大部分国家处在两个引擎之间的"塌陷地带",发展经济与追求美好生活是本地区国家与民众的普遍诉求。这方面的需求与两

注释:
[3] 哈萨克斯坦、吉尔吉斯斯坦、塔吉克斯坦和乌兹别克斯坦。
[4] "Rebuilding the silk roads", World Highways, September 2011, http://www.worldhighways.com/sections/general/features/develop-the-silk-roads-boost-economic-growth/.

大经济引擎通联的需求叠加在一起,共同构筑了丝绸之路复兴的国际战略基础。从国内角度看,我国当前的发展需要兼顾地区平衡,并着力开拓新的经济增长点。复兴丝绸之路能带动经济实力较为薄弱的西部地区,有望形成新的开放前沿。

再次,新丝绸之路设想兼顾政治、经济、安全乃至文化利益的均衡发展。中亚地区处于地缘战略要冲,又是东西方文明的交汇点,更是近年来恶名昭彰的宗教极端势力的发源地。新丝绸之路构想以经济合作为先导与基石,以政治合作为前提与推进手段,以促进文化交流、化解安全风险为重要目标,是具有前瞻性的综合战略规划。经济发展为基础设施建设准备了物质条件,提高了各国参与合作的意愿。政治合作消除了开展经济合作的各种人为障碍。经济发展与政治合作有助于化解安全冲突,消弭宗教极端势力滋生的温床。伴随着政治、经济活动而展开的文化交流,最终将促进东西方文明的融合。政治、经济、安全、文化目标并行不悖,使得新丝绸之路构想具有突出的稳定性,不至于被安全冲突打断,反而能抑制安全冲突。

欧亚丝绸之路上的竞争与合作

丝绸之路的发展前景也吸引了世界的目光。各国纷纷提出自己的战略设想,其中影响较大的有日本的"丝绸之路外交"、美国的"新丝绸之路"计划以及"北南走廊"计划。这些计划为我们认识新丝绸之路设想提供了参照系。

日本提出"丝绸之路外交"的初衷是保障能源来源的多元化。日本早期并不重视中亚外交,直到1997年桥本内阁首次提出"丝绸之路外交"设想,才开始加强与中亚的交往。日本政府认为:

中亚各国远离国际市场，需要加强彼此间的经济合作，才能更有效地进入国际市场，日本应该帮助中亚各国实现一体化，在此过程中，日本可以强化在这一地区的政治与经济影响力。日本执行丝绸之路外交的主要方式是：由日本政府提供开发援助，帮助丝绸之路沿线国家完善公路、铁路、电力等基础设施建设。为了推动丝绸之路外交，日本自2004年起推动设立"中亚⑤＋日本"机制，通过五国外长的定期会晤来促进政治对话、经贸合作、文化交流。

　　日本政府的开发援助，为日本在这一地区赢得了好名声。但日本"丝绸之路外交"进展并不理想。首先，这可能与日本自身实力的相对衰退有关。由于日本经济增长长期停滞，日本模式在中亚渐渐失去了市场。"中亚＋日本"机制越来越难以与上合组织等合作框架的影响力相媲美。其次，日本对中亚地区能源的重要性及相关安全议题的认识逐渐成熟，渐渐失去了对丝绸之路外交的兴趣。再次，日本不具备开展中亚外交的地缘条件，同时本地区与日本的宗教文化差异较为明显，"丝绸之路外交"进展缓慢。最后也是最重要的，日本外交缺乏自主权，例如2005年乌兹别克斯坦爆发安集延事件后，美乌关系恶化，"中亚＋日本"五国外长会议竟然因此而推迟。为了配合美国的意识形态外交，日本的"丝绸之路外交"也染上了鲜明的政治干涉色彩，这侵蚀了与本地区各国互信的基础。

　　美国异常重视中亚地区的地缘政治价值。早在1999年，美国国会就通过了"丝绸之路战略法案"。该法案计划通过支持中亚和南高加索国家的经济和政治独立来复兴连接这些国家及

注释：

⑤乌兹别克斯坦、塔吉克斯坦、吉尔吉斯斯坦、土库曼斯坦。

欧亚大陆的"丝绸之路"。为此，美国致力于推动中亚国家建立市场经济和民主政治体制[6]。2005年美国提出"大中亚"计划，强调要以阿富汗为立足点，在中亚地区建立政治、经济与安全的多边机制，以促进地区发展与民主改造。2011年美国国务卿进一步提出"新丝绸之路"计划，通过援助中亚地区国家的基础设施建设[7]，推动实现"能源南下"与"商品北上"的战略目标。2012年7月，在东京召开了关于"新丝绸之路"计划的部长级会议，美国希望将日本拉入该计划，可见其对这一计划的重视程度。

美国的"新丝绸之路"计划带有较强的意识形态色彩，与中俄两国展开地缘政治争夺的态势明显。然而政治干涉为己方树立了对手，如伊朗；军事干涉给本国背上了沉重的经济与安全包袱，如阿富汗；战略争夺迫使本地区国家不得不选边站，实际上违背了促进地区一体化的战略目标。同时，美国自身的安全问题也并没有因介入本地区而得到根本改善。未来，较难期待美国的"新丝绸之路"计划在本地区大有作为。

"北南走廊"计划最早由俄罗斯、印度、伊朗三国发起，计划修建一条从南亚途经中亚、高加索、俄罗斯到达欧洲的货运通道，一旦项目完成，将大大降低从印度到欧洲的货运成本。然而自2000年提出以后，这项计划一直进展缓慢，资金迟迟不能到位，政治分歧久难弥合，特别是由于处在计划核心位置的伊朗态度日渐消极，项目几乎陷入瘫痪。随着印度实力的提升，2011年印度的态度转为积极，甚至表态愿意承担在伊朗境内的

注释：

[6] "Silk Road Strategy Act of 1999", http://www.eurasianet.org/resource/regional/silkroad.html．
[7] 公路、铁路、电网及油气管线等。

铁路与公路建设，这项计划自此方得以再度获得生机。

"北南走廊"的前景同样并不明朗。首先，"北南走廊"计划的提出仍然是地区大国在中亚抗衡其他国家影响力的尝试，当主导大国兴趣降低后，计划往往迅速沉寂，甚至难以维系。其次，连接南北并不具备贯穿东西所能产生的巨大战略效益。再次，北南通路上障碍重重，例如，印巴之间存在巨大的战略分歧，伊朗存在较突出的不稳定性。因此，北南通路即便建成，也随时可能因突发性政治事件而再度被阻断。

把新丝绸之路经济带构想与前述三个计划进行比对，在国际竞争与合作的坐标体系下，我们可以更清楚地看到新丝绸之路经济带构想的特性：

首先，我国目前正处在建设新丝绸之路经济带的最佳历史机遇期。当前，东西方之间存在通联的巨大战略需求，而中国又处在绝佳的地缘位置上。过去30年经济高速发展取得的成就，对中亚各国产生了巨大的向心力，我国当是复兴丝绸之路的最佳推手。全球金融危机发生后，处在丝绸之路上的国家，包括中俄在内，大都面临着类似的发展问题，有着共同的利益诉求，对合作的期盼远高于利益的分歧。此时推动建立"丝绸之路经济带"，是一个恰到好处的选择。习近平总书记提出的战略构想，准确地抓住了历史机遇，既能满足我国自身发展的需求，又可为世界经济发展、文明融合作出巨大的贡献。

其次，我国的新丝绸之路经济带构想体现了鲜明的独立自主的和平外交思想。通过坚持不干涉国家内政原则，中国与本地区国家在长期相处的过程中建立起普遍的政治互信。我国提出的构想，不针对任何第三方，不搞排他性制度设计，中国不谋求地区事务的主导权，不经营势力范围，这些举措有助于最大限度地排除政治阻力。同时，肯定、接纳其他国家在本地区内的存在，有助于充分发挥各方力量，强化地区的一体化趋势，充分体现了大国政治的胸襟。

再次，我国的新丝绸之路经济带构想在制度设计上更为合理。由点及面、从线到片的布局规划符合扩散效应原理。在构想中，软件（政策沟通）建设与硬件（道路联通）建设相辅相成，消除贸易壁垒与加强金融制度建设相得益彰，经济交往与民心交流并行不悖。这些都是我国新丝绸之路经济带构想超越既有建设计划的出彩之处。

最后，我国的新丝绸之路经济带构想是建立在文明融合而非文明冲突的立场上。新构想不仅强调政治协调、经济交流、促进安全、制度建设，更突出民心相通，人民外交的思想为开展区域合作奠定了坚实的民意基础与社会基础。这表明，中国外交正在走出权力政治的窠臼，为各国开展合作提供了典范，也是对全球经济繁荣与和平安全的重大贡献。

新丝绸之路经济带建设面临的挑战

总体来说，新丝绸之路经济带构想是在恰当的时机、恰当的地点提出的恰当的战略建议。这一建议有很大的包容性，与其他国家的建议并不发生根本性冲突。然而，未来新丝绸之路经济带在建设过程中，在一些关键的节点上如果拿捏不好，亦有可能难以实现预期效果。

首先，制度化建设的水平能达到一个什么样的高度，值得关注。丝绸之路是一个多边外交的舞台，既涉及本地区的国家，又涉及在本地区具备影响力的国家（如美国、日本）甚至国际组织（如国际道路联盟、联合国教科文组织）。初始的政策协调将处在一个什么样的范围之内？最初的制定过程是否需要排除外界因素？在缺少主导国的前提下如何排除外界因素的作用？政策协调是否需要形成一个固定的机制？相关国家在多大程度上愿意为了国际协调而让渡自己的主权？如果有国家因特殊原因（如政变）而退出协调机制，是否需要建立补救及惩戒机制？

在制度建设上实际需要处理好两个平衡：一是主权让渡与不干涉内政原则的平衡。缺乏主权让渡的一体化进程往往是不稳固的。这或许能解释为什么美国始终坚持以意识形态划线，在意识形态相近的背景下，较容易形成政治互信，从而提升制度化建设的水平。然而依照我国的新丝绸之路规划，意识形态、民族、文化、种族的差异是必须直面的现实，"不干涉"是使新规划能够覆盖这些差异的唯一选择，那么就要看我国的计划能够在多大程度上扩大有关国家的共同利益基础，并且需要对"不干涉"的范畴有更加明晰的界定。总体上说，由点及面、从线到片的思路是正确的，但在扩散的过程中需要特别注意保持各方的利益平衡（这种平衡往往是非常脆弱的）。

另一个平衡是缺乏主导国与推进制度建设之间的平衡关系。为了消除有关国家的疑虑，中国明示放弃在新丝绸之路建设上的主导地位，其他国家也不具备承担这个地位的条件。而制度建设非有国家牵头不可，特别是在关键时期需要有国家主动放弃自己的利益，以便产生示范效应。放弃主导地位，则意味着承担额外责任的国家需要放弃额外的收益。这将考验国家对长远利益的认知以及对即期利益损失的承受能力。此外，要特别注意，推进新丝绸之路经济带需对地区一体化进程起到促进作用,而不是相反的作用。

其次,道路等基础设施的建设规划考验决策者的智慧。新丝绸之路经济带路线的选择需要充分考虑地理环境、经济效益与政治协调。总体上,经济带的干线仍需以铁路交通为主,其次才是公路和石油管道,最后是其他配套设施。丝绸之路途经的地带多山、多沙漠,地理环境较为复杂。地理条件决定丝绸之路的很多路段只能绕行,而无法直接通过。从我国境内情况来看,现实的选择是通过新疆的霍尔果斯和阿拉山口等几个较为平坦的口岸出境。目前已经通车的亚欧大陆桥即属于此条线路。它是我国西北地区目前唯一的出境铁路,目前看来,这条线路应该无法承载建设新丝绸之路经济带的全部需求。正在规划论证中的中巴铁路、中尼铁路以及中吉乌铁路,均需要穿越山地,施工难度较大。但青藏铁路建成所累积的技术和经验,让我们对这些线路的建设更有信心。目前,中尼铁路已经开始施工,我国将把青藏铁路延伸到尼泊尔边境。中巴铁路、中吉乌铁路因其重大的战略及经济效益,目前已经得到各方的鼎力支持,顺利完工也是可以预期的。未来在西南方向经广西、云南出境前往东南亚和南亚的线路也应该纳入新丝绸之路经济带的规划。

要想使交通线充分发挥扩散效应,选址除了考虑地理因素外,还要充分考虑经济因素。例如同样是贯通亚欧大陆的交通线,穿越人口稠密地区的线路所能带来的经济效益要远远高于西伯利亚铁路。除了人口与物产分布外,避免重复建设也是一个重要的考虑因素。新丝绸之路的规划应该统筹考虑与本地既有基础设施的衔接问题。例如,新丝绸之路不妨考虑与"北南走廊"计划等联结,最大限度地发挥已建成设施的效用,缩减早期投入。

与技术和规划因素相比，更大的挑战来自于政治协调，特别是大国之间的协调。例如，俄罗斯是丝绸之路上的传统大国，也是利益攸关的国家，俄方的态度能够对新丝绸之路设想产生重大影响。从地缘政治角度出发，俄视中亚地区如自家后院，不太愿意接纳其他国家在这里扩张影响力。从功能上看，新丝绸之路规划与俄罗斯的西伯利亚铁路有明显的重叠，需要进一步协调两者的角色定位。再例如，中尼铁路需要充分考虑印度因素；西南方向出境的路线需要协调东南亚各方的立场，此外还要充分考虑美、日、欧盟等在本地区有影响力的其他大国的因素。总之，新丝绸之路将是一个多边角力的舞台，能否成功很大程度上取决于技术人员、谈判人员尤其是政治决策者的智慧与能力。

最后，新丝绸之路经济带能否建成，还取决于能否成功消解一些人为的障碍。新丝绸之路将跨越多国边界，跨境物流需要充分考虑体制、官僚与腐败等因素的消极影响，这是与海运相比的一个突出劣势。目前，丝绸之路沿线国家对跨境贸易征收的高额关税，各国边界管理机关低效率、不作为甚至是贪污腐败的行为，都严重威胁着丝绸之路的复兴。据亚洲发展银行的调查，往来于阿富汗的卡车司机中，90%的人认为官僚是开展跨境贸易的最主要障碍。[⑧]至少在短期内，设立跨国边境管理机构是不现实的选项。如何把这些人为的消极成本降到最低，是建设新丝绸之路经济带所面临的一个重大挑战。

除了边境管理，安全保障是另一个突出的人为障碍。"三股势力"长期在中亚地区肆虐。费尔干纳谷地目前是宗教极端

注释：

[⑧] S. Frederick Starr and Andrew C. Kuchins, "The Key to Success in Afghanistan: A Modern Silk Road Strategy", Silk Road Paper, May 2010, p. 26.

势力的重要营地。境内反动势力与境外恐怖分子勾结，进行破坏油气管线等恐怖活动的威胁并非杞人忧天。区内部分国家，如阿富汗、缅甸等局势仍然动荡。毒品等跨境犯罪问题尚未得到根治，湄公河惨案的警钟尚在耳边回荡，阿富汗山区又崛起成为新的海洛因主产区。印巴之间存在严重的领土争端，中亚国家之间也屡有龃龉，这些问题处理不好极有可能诱发政治对立甚至军事冲突。这些地区内部问题再加上地区外的政治势力的挑唆、干扰、破坏，极有可能在短时间内造成严重的安全威胁，使得建设新丝绸之路经济带的努力付诸东流。

新丝绸之路经济带构想的前景展望

尽管新丝绸之路经济带构想的实施存在严重的潜在挑战，我们仍有充足的理由对新丝绸之路的前景表示乐观。

第一，"新丝绸之路"可以分期、分阶段实现既定目标。这一构想在空间上大致分五个区段：东亚段，中亚段，西亚段，中东欧段，西欧段。时间上可以按近期、中期、远期来分阶段建设。重新激活这条古老的贸易通道，对于沿途国家的经济建设、地区繁荣乃至世界经济的平衡都具有重大的战略意义。

新丝绸之路经济带的建设将极大改善我国西部地区的发展环境，形成新的对外开放前沿与经济增长段，西部地区的面貌及当地群众的生活水平将再上一个台阶。通过参与新丝绸之路经济带的建设，所谓"塌陷地区"的国家将有机会重新融入世界经济的主流，逐步消除贫困与落后，这又有助于根除极端势力、恐怖主义、跨国犯罪活动的温床。新丝绸之路将把世界经济最活跃的两个地区更紧密地联结在一起，不仅有利于促进贸易、繁荣经济,更有利于东西方文明的交流与融合,促进源自不同民族、文化、种族的群体的相互包容。因此,我们可以预期,这一计划将得到地区内多数国家的积极响应与支持。

与预期收益相比,更引人入胜的是新丝绸之路经济带构想的历史价值。区域经济一体化是全球化时代的一个重要特征。新丝绸之路构想突破了传统的区域经济合作模式,它主张构建一个开放包容的体系,以开放的心态接纳各方的积极参与,最大限度地减少运行阻力,扩大支持的基础,并且充分调动各种资源。这些优势是以势力范畴争夺或贸易保护为目的的排他性地区经济合作所无法比拟的。新丝绸之路构想同步推进政治、经济、安全乃至民心方面的沟通与建设,突破了由单一领域向其他领域扩散的传统模式,使得这几方面得以相辅相成,最大限度地排除各种消极因素的干扰。

第二,中国完全可以在很大程度上发挥主导和中枢作用。建设新丝绸之路经济带,无论是技术准备、基础设施建设、资金投入乃至政治与安全的国际合作等方面的条件均已成熟。我国提出这一构想,既是水到渠成的结果,也体现了大国外交的自信。这种自信,源于对国际局势的判断,源于对自身实力与战略目标的认知,也源于驾驭各种复杂局面的勇气与能力。中国目前不仅有强大的经济实力支撑这一计划的实行,而且可以从中获得直接和间接的回报。中国推行这一计划,政府发动、企业主导、市场推动、国际合作,可行性越来越明显。

第三,自从中国提出这一计划以来,得到了中亚、西亚、中东欧、西欧各国不同程度的积极响应和配合。"新丝绸之路"的建设,带来的将是世界上最大的欧亚大陆的一体化和全面复兴。这是"中国梦",更是"世界梦""人类梦"。

第二篇
转型期经济走向分析

中国经济的双重转型

厉以宁

厉以宁

著名经济学家,中国经济学界泰斗。现为北京大学社会科学学部主任,北京大学光华管理学院名誉院长、博士生导师,中国民生研究院学术委员会主任,中国企业发展研究中心名誉主任。中华人民共和国第七、八、九届全国人民代表大会常委,第七届全国全国人民代表大会法律委员会副主任,第八、九届全国人民代表大会财经委员会副主任;中国人民政治协商会议第十、十一届全国政协常委、中国人民政治协商会议全国委员会经济委员会副主任,中国人民政治协商会议第十二届全国委员会常务委员会委员。

中国经济正在逐步实现双重转型。

在传统的发展经济学中，经济转型是指从农业社会转向工业社会，而计划经济体制的推行则被认为是另一条通往工业社会的道路，"十月革命"以后的前苏联正是这样走的。

中国从20世纪50年代到70年代末的实践表明，依靠计划经济体制转向工业社会是一条不成功的道路。这是因为，在中国这样的发展中国家，在计划经济体制之下，虽然可以建立一批大型工业企业，但效率不高，代价过大。而传统农业社会中的种种问题不但没有解决，反而以新的形式凝固化了，所以农业发展是失败的，农村是落后的，农民的生活依旧终年辛苦，难以温饱，而且农民的人身自由受到很大的限制。

从1979年起，中国进入了双重转型阶段。双重转型是指体制转型和发展转型的结合或重叠。

什么是体制转型？就是从计划经济体制转向市场经济体制。

什么是发展转型？就是从传统的农业社会转向工业社会。

两种转型的结合或重叠是没有前例的，也是传统的发展经济学中没有讨论过的。在第二次世界大战结束之后，一些新独立的发展中国家，由于那里过去不曾实行计划经济体制，所以只出现发展转型，即从传统的农业社会逐步转向工业社会。而1979年以后的中国则不同，一方面，要摆脱计划经济体制的束缚，以市场经济体制代替计划经济体制，这就是体制转型；另一方面，要从传统的农业社会转向工业社会，使中国成长为一个现代化的国家，这就是发展转型。

总结1979年至今30多年的改革与发展实践，中国在推行双重转型过程中积累了一些经验，可以把这些经验归纳为以下八项。

（一）体制转型是双重转型的重点

在双重转型中，重点是体制转型，即从计划经济体制转向市场经济体制，并要以体制转型带动发展转型。这是因为，计划经济体制对中国经济的束缚和限制是全面的：既包括城市，又包括农村；既包括工业，又包括农业；既包括城市居民，又包括农民。如果不打破计划经济体制的束缚和限制，中国不仅不可能实现从传统农业社会向工业社会的转变，而且中国转型的目标（使中国成为现代化国家的目标），也是无法实现的。

（二）思想先行

在双重转型准备阶段，必须解放思想，清除计划经济理论的影响，否则改革与发展都寸步难行。1978年中国所进行的"实践是检验真理的唯一标准"大讨论，使人们的思想得到解放，进而启动了改革和对外开放。1992年初，邓小平同志的南方谈话又进一步解放了人们的思想，使中国走上了改革和发展的快车道。因此可以说，中国双重转型在短短的30多年内之所以能取得这样大的成果，同"思想先行"是分不开的。

(三)产权改革是最重要的改革

在双重转型中,必须把产权问题放在改革的首位。在计划经济体制下,产权模糊、投资主体不确定、投资方的权利和责任不清晰是改革的主要障碍,也是发展的巨大阻力。因此在体制转型中,产权改革是突破口,是主线;在发展转型中,产权界定和产权清晰是动力源泉。对广大农民来说,土地权益需要确定,住房产权也需要确定,而且确权工作应当落实到户,这既有利于保障农民的合法权益,也能使农民获得财产性收入,用于改善生活、扩大再生产和创业。

(四)在经济增长的同时改善民生

在双重转型中,一定要在经济增长的同时改善民生。改善民生是缩小城乡居民收入差距和缩小地方收入差别的重要途径。在宏观经济政策目标中,就业是重中之重。考虑到农村劳动力向城市转移是双重转型中需要认真解决的迫切问题,所以在转型的任何时候都不能忽视就业问题。同时,由于新的工作岗位是在经济增长过程中涌现出来的,所以经济需要保持一定的增速。经济增长率过高当然不行,但如果经济增长率偏低,则会产生更大的就业压力。再说,扩大内需同改善民生是紧密结合在一起的。唯有扩大内需才能使中国经济增长逐渐转入良性循环的轨道。

(五)必须不断自主创新、产业升级

在双重转型中,要不断提高企业的竞争力,而提高企业竞争力的核心是鼓励自主创新。如果自主创新不足,产业迟迟未能升级,企业的竞争力不足,在日趋激烈的国际市场竞争中,中国必将丧失自己的市场份额,或者又会回到过去依靠资源出口、初级产品出口以获取外汇、进口必需的生产资料和生活资

料的境地，这就难以实现现代化的目标。而自主创新的成效既取决于知识产权的保护，也取决于专业技术人才的培养和激励。人力资源政策应得到更多的关注，得到更有效的贯彻。

（六）必须不断提高经济质量

相对于较早实现工业化、现代化的国家而言，环境压力在中国显得更为突出。中国在双重转型中，必须重视经济和社会的可持续发展问题。1979年以来的经验告诉我们，经济增长固然重要，但提高经济增长的质量更加重要。经济增长的质量高低，除了结构的优化是标志之一而外，还有另一个标志，这就是环境保护、节能减排、资源合理利用和清洁生产。环境是我们和子孙后代共有的，资源是我们和子孙后代共享的。只有走可持续发展道路，我们才有更广阔的发展前景。

（七）城镇化是今后若干年内最有潜力的投资机会

城镇化率的提高是双重转型的成果，同时也是继续实现双重转型的助推器。在计划经济体制下，城镇化的进度是异常缓慢的，甚至在某些年份还出现了"反城镇化"的趋势，即不但不允许农民进城，而且还把一部分城市居民强制迁入农村。直到双重转型过程开始后，情况才有所好转。提高城镇化率已是大势所趋。城镇化将是今后若干年内最有潜力的投资机会和扩大内需的机会，能保证中国经济增长继续以较高的速度推进。

（八）大力发展民营经济

民营经济是社会主义经济的重要组成部分。在双重转型中，大力发展民营经济不仅是为了缓解就业压力，更主要的是为了调动民间的积极性，包括调动民间资本的潜力。民营企业与国有企业的关系，无论是"国退民进"还是"国进民退"，都不应是国家的方针。国家的方针是国有企业和民营企业的共同发展，它们之间既有合作，又有竞争，进而形成双赢的格局。这既是对经济增长最有利的，也是对社会安定和谐最有利的。

以上八项经验说明了中国双重转型之路是怎样一步步走过来的。总的说来，这些经验表明了这样一点：中国有中国的国情，不根据国情进行转型，什么经验都不会产生，也不会有"中国道路"。

中国经济必须迈过转型"坎"

张卓元

张卓元

中国著名经济学家,中国社会科学院经济研究所研究员,政府特殊津贴专家。中国人民政治协商会议第十届全国政协委员;中国成本研究会会长;中国价格学会、中国物资流通学会、中国城市发展研究会副会长。孙冶方经济科学基金会秘书长。

中国经济发展到今天,经济转型这个"坎"是必须迈过去的,否则便容易跌入"中等收入陷阱",并难以实现全面现代化这一雄伟目标。

改革开放后,中国经济迅速腾飞,2010年中国成为世界第二大经济体,2011年中国人均GDP达到5000美元以上,进入中上收入国家的行列。但是,高速增长中的资源瓶颈制约日益显现,成为中国经济持续增长最突出的问题。推进经济转型刻不容缓,从资源低效滥用粗放扩张型,转为资源节约集约高效利用质量效益型,这也是中国社会主义现代化建设必须跨越的阶段。

经济转型"知易行难"

中国经济转型问题的提出可以追溯到20世纪90年代。1995年中央关于"九五"计划的建议明确指出:实现"九五"和2010年的奋斗目标,关键是实行两个具有全局意义的根本性转变，一是经济体制从传统的计划经济体制向社会主义市场经济体制转变，二是经济增长方式从粗放型向集约型转变，促进国民经济持续、快速、健康发展和社会全面进步。

2005年，中央"十一五"规划建议重新强调转变经济增长方式，并提出建设资源节约型、环境友好型社会的任务。为什么要重提转变经济增长方式？主要是1995年我国提出实现经济增长方式根本性转变方针以来，进展不理想，总体而言主要依靠资源消耗的粗放式增长格局未变，影响经济的持续快速增长。

从资源状况来看，我国人均重要资源占有量大大低于世界平均水平，如人均耕地占有量仅为世界平均水平的40%，人均淡水资源占有量只为世界平均水平的1/4，人均占有的石油、天然气和煤炭资源储量分别为世界平均水平的11%、4.5%和79%，人均铁、铜、铝等储量分别为世界平均水平的1/6、1/6和1/9等。

另一方面，我国主要矿产资源的对外依存度已从1990年的5%上升到2004年的50%以上。2004年，我国GDP按当时人民币汇率计算占全世界GDP的4%，但是消耗了全球8%的原油、10%的电力、19%的铝、20%的铜和31%的煤炭。2005年初，瑞士达沃斯世界经济论坛公布的"环境可持续指数"评价，在全球144个国家和地区的排序中，中国位居第133位。

正是在这样的严峻背景下，中央关于"十一五"规划的建议再次突出强调转变经济增长方式问题，提出要从"高投入、高消耗、高排放、低效率"的粗放扩张的增长方式，转变为"低投入、低消耗、低排放、高效率"的资源节约型增长方式，特别强调能源节约，把单位GDP能源消耗比"十五"期末降低20%左右列为"十一五"的重要目标。

2007年党的十七大报告进一步提出要转变经济发展方式，转变经济增长方式已扩展为转变经济发展方式，并具体要求实现如下三个转变：促进经济增长由主要依靠投资、出口拉动向依靠消费、投资、出口协调拉动转变，由主要依靠第二产业带动向依靠第一、第二、第三产业协同带动转变，由主要依靠增加物质资源消耗向主要依靠科技进步、劳动者素质提高、管理创新转变。

2008年爆发国际金融危机后，转变经济发展方式，建设资源节约型、环境友好型社会成为推动经济发展的当务之急，中国经济亟待从追求数量、扩张规模转变为追求质量、提高效率，从资源的滥用浪费转变为资源的节约集约利用。

因此，2009年底中央经济工作会议再次强调转变经济发展方式已刻不容缓。紧接着，2010年，中央在制订"十二五"规划建议时提出，"十二五"规划要以加快转变经济发展方式为主线，还提出，坚持把经济结构战略性调整作为加快转变经济发展方式的主攻方向，坚持把建设资源节约型、环境友好型社会作为加快转变经济发展方式的重要着力点。

需要指出，尽管从2005年以来中央一而再再而三不断强调要转方式、调结构，推动经济转型，但是在实践中经济转型困难重重，阻力很大，进展缓慢，最常见的是有些地区往往不惜付出巨大的资源环境代价去保增长，片面追求短期GDP最大化。考虑到中国仍处于工业化城市化进程中，仍需投入大量资源用于基础设施等建设，如果不能很好地节约集约利用资源，仍然是高消耗、低效率，其前景堪忧。

重视重要资源的安全

中国是一个拥有13亿多人口的发展中大国。必须保证重要物质资源的安全，才能保持经济和社会的稳定，才能保持经济和社会的健康发展。资源安全首先是数量安全，有充足的资源供应。其次是质量安全，比如饮用水安全对人类是至关重要的，还有是耕地，如果受金属污染就会使农产品食用安全受到威胁。三是贸易安全，在市场经济条件下如果要向外购买资源其价格应当是可承受的，投资和运输的通道是顺畅的，有一个比较公平的市场环境和秩序。

在最重要的物质资源中，耕地和淡水资源安全主要是保证一国居民生存的需要，而能源安全则更多的是保证一国居民享受和发展的需要，亦即实现工业化、城市化、现代化的需要。经济学原理告诉我们，农业是国民经济的基础，这就意味着我们首先必须有充足的耕地和淡水发展农业，提供充足的农产品，才能谈得上发展国民经济其他产业。

从中国经济发展的实践看，中国经济的短板是农业，中国经济每一次出现重大危机或严重比例失调都是由农业危机、农业歉收引起的，新中国成立以来每一次物价水平的过大幅度上涨都是由农业减产、食品价格大幅度上涨带动的；经济严重比例失调和通货膨胀问题，也都是由于货币超发、流动性过剩和农业因种种原因落后于国民经济其他部门的发展造成的，食品价格上涨常常成为物价总水平上涨的火车头。因此，对于中国来说，农业问题、粮食问题、耕地淡水问题，永远不能掉以轻心。

从以上认识出发，中国18亿亩耕地的红线是必须守住不能突破的，而且应当是长期都必须守住不能突破的。过去不少地区以牺牲耕地和粮食推进工业化城市化是不可持续的，各地特别是中西部地区在现代化建设中不能再走这条老路。由于前一段我国耕地减少太多，已开始威胁到中国的农业安全与粮食安全，被迫实行弃油保粮的方针，以致现在80%的食用油和大豆要靠进口解决，粮食特别是饲料粮的进口也越来越多。如果再不守住18亿亩耕地这条红线，一旦农产品和粮食进口碰到困难，其后果将不堪设想。另外，从粮食安全考虑，为了更好地守护18亿亩耕地，还要使农民种植粮食和其他农产品是有利的。而目前种植粮食等农产品比较利益太低，这除了需要适当提高农产品价格外，国家财政对"三农"的支出仍需继续增加，各种惠农、利农政策还要继续。

资源节约集约利用是经济转型的根本标志

首先，加快转变经济发展和增长方式，从粗放型资源消耗型转为效率型资源节约型。在提高资源利用效率上下工夫，就需要主要依靠科技进步、劳动者素质提高和管理创新推动经济增长，克服过去主要靠增加物质资源投入推动经济增长的惯性。这是中国实现经济转型的要点所在。

现在的问题是，认识容易实践难。以2011年为例，由于不少地方为追求GDP的短期高速增长，争相发展高耗能行业，当年能源消费弹性系数出现不小的反弹，由2008年的0.41、2009年的0.57和2010年的0.58反弹至0.76的新高位。全国的能源消费总量达到34.8亿吨标准煤，比上年增长7%，使全国单位GDP能源消耗降低3.5%的计划没有完成，实际只降低2.01%。这说明，现有的措施对推动转方式还远远不够，还需要有更多更有力的措施，才能使转方式取得进展。

其次，大力调整经济结构，重点是抑制高消耗、高排放、高污染行业的过快增长，加快发展资源占用和消耗低的第三产业特别是现代服务业。中国目前有不少行业产能过剩，其中有一些是高消耗的行业如钢铁、水泥、煤化工、电解铝、造船等，这是造成我国资源瓶颈制约难以缓解的重要原因，因此调结构首先要抑制这些高消耗行业的过快增长。

与此同时，加快发展服务业。早在十多年前，即2000年，中央关于制订"十五"计划建议中就明确提出要大力发展服务业，但是到2011年，尽管我国GDP已经比2000年增加了近两倍，而第三产业增加值在GDP中的比重只提高了四个百分点，多年来仍然在40%左右徘徊。还有，目前在中国，无论是新增劳动力就业，还是吸收被农业、制造业转移或剥离出来的劳动力就业，服务业都起到主力军的作用，如2005—2010年，服务业年均就业人员增加数达579万人。这也说明，今后仍需加大调结构的力度，大力发展服务业。

再次，深化改革和扩大开放。怎样使稀缺的资源做到节约和高效利用？许多国家的实践表明，在市场经济条件下，用市场手段价格机制是最灵敏、最有效的。世界银行的一项调查说明，能源的节约，一半以上的原因是靠提高能源的价格。我国过去资源的滥用浪费，很大程度上是由于人为地压低资源的价格，土地、淡水、能源等价格长时期严重偏低，不能很好地反映市场供求关系、资源稀缺程度和环境损害成本。应加快推进资源产品价格改革，把资源产品价格提高到一个比较合理的水平，用价格手段推动资源节约和合理配置。应当注意的是，在改革过程中，需要给低收入群体予以补偿，以免影响他们的实际收入和生活水平。

"十三五" GDP 年增速可望不低于 7%

樊纲

樊纲

国民经济研究所所长,北京大学、中国社会科学院经济学教授。中国经济改革研究基金会理事长,中国经济体制改革研究会副会长。主要研究领域为宏观经济学、制度经济学。2006—2010 年曾连任两期中国人民银行货币政策委员会委员。是"中国经济 50 人论坛"的联合发起人和学术工作负责人。

"微刺激"实质非刺激

对于经济增速放缓，社会上都在关注"微刺激"是否加码的问题，首先强调，我并不认同所谓"微刺激"的概念。回顾中央和有关部门最近召开的几次会议，对于经济增长并没有采取任何新的办法，而只是督办原来出台的、没有落实的措施。不管什么政策，出台之后总有一个落实的过程，不应当把这个过程视为刺激。而且还应看到，督查落实本来就是政府应该办的事情。比如，政府财政应该的支出上半年都没能花出去，表明政府投资是缺位的，至少是不够的。眼下做的事情，只是在企业、房地产投资之外再补上应该有的政府投资，而绝非什么经济刺激。一些人所谓的"微刺激"或者"微刺激"加码，我认为并没有反映出实际情况。

我多次表示，不能只强调消费增长，出口、投资都要平衡稳定地增长。我为什么如此重视投资？当前而言，投资对于经济增长的意义毋庸置疑。这首先是因为，政府掌握公共收入和支出，包括地方基础设施建设都是其应该干的事情，作为政府的职能之一，实际上每年的财政专门有一块是干这个的。其次，促进消费是好办法，但如何促进却是一个问题。发消费券、大降价还是搞消费补贴，这些都不现实。我们知道，消费增长取决于收入增长，只有做好收入分配、社保体制改革等才能真正增加消费，因此政府要做的是促进就业和收入增长，同时推进社保体制改革，再增加教育支出、医疗卫生等支出，这样才能为消费增长打好基础。单纯指望政府出台政策去刺激消费增长，这是不可持续的。

当然，新增投资我们不能都投到产业资产上，否则产能过剩情况会更严重，怎么办？在储蓄率过高的时候，就应该多搞点基础设施建设，为后代造福，为今后的发展攒点后劲。这些投资，大部分应当放在基础设施上面，而不是放在企业上。如果再投水泥、钢铁和光伏这类企业，只会造成产能更加过剩。

在这里单纯做一个假设：如果要刺激经济的话，政府手里的牌无非是财政和货币政策，除了搞一些住房和消费信贷之外，一个重要办法还是投资。现在中国的消费和储蓄比例严重失调，要解决储蓄过高的问题，还必须使得投资保持一定的水平。

当然，企业投资是有一定比例的，不能太高，因为现在的消费就这么多。从这个意义上说，我们搞社保、完善收入分配等，目的虽然是提高消费率和降低储蓄率，但对于长期经济增长也是有益的。

需要注意的是，在居高不下的储蓄率面前，我们搞的基础设施建设，都不是当年甚至短期能用的东西，比如高铁和地铁等基础设施都是为以后几十年甚至一二百年用的。我们不要动不动就批评投资，特别是基础设施投资。

地方债务风险源自融资机制错配

首先可以明确，在有充足储蓄的情况下，即便是兜底，我们的经济对目前的地方债务也是付得起的，然后再来讨论怎么付的问题。

无须否认，地方融资平台背负的债务确实非常大。不过，对于地方融资平台和不良债务应当两方面看待：一是2009年为刺激经济，我们搞了过多的投资，包括过多的基础设施投资，低效和浪费的问题就难免出现，低效和浪费又会出现一些坏账，有一些从长远来看可能都还不上；二是地方政府投的一般都是有用的东西，但长远来看，再有用的基础设施在五年十年内都可能还不起贷款。因为地方政府投的很多是基础设施，而这属于长期、耐用公共消费品，比如地铁、高铁，其收益是未来的收益流，因此还债期较长。而地方融资平台借的钱都是金融债，要么是银行贷款，要么是影子银行贷款，当原本只是提供短期流动资金的银行转而为地方耐用品投资，并且面对着长达几十年甚至一二百年的收益，由此出现了时期的错配，而时期错配的背后是融资机制的错配。

用金融债去支撑长期的公共基础设施建设，这种融资机制的错配，导致了我们现在面对的偿债压力。很显然，那些长期项目本来就应当有另外的融资方式。这包括，一是长期投资股权投资，比如西方铁路就是这么搞起来的，不用还款，付息就行；二是长期公共债务，从50年到80年都有，每年不还本，还息即可。总体来看，无效投资固然带来债务风险，但这些都是小问题，大问题还在于融资机制错配。

我觉得政府应该用积极的态度去积极采取措施，来化解风险。一方面修改预算法，这个已经做了。如果允许地方政府发债，在中央政府的统一规划下，加快地方政府发放正式公债的进度；地方债去年发行 4000 亿，今年还是 4000 亿，完全可以再多发一些。现在赤字率并不算高，中央完全可以将这一比例提高到 3%。然后，控制不让借金融债，关闭影子银行提供流动性的闸门而代之以发债，即便发 9000 亿元也没超过 3% 的中央债务率，这就可以替换掉一部分，在保持中央地方两级债务加起来占 GDP 比重不提高的情况下，降低地方融资平台这种金融债贷款在经济中所占的比重。而这个比重一下降，市场上的金融风险就能得到一定的化解，持续做下去，就能逐步用几年甚至 10 年的时间来消化这部分金融债。

应当强调，机制错配导致的金融风险问题，是需要积极去处理的，而不是被动等待。只要由 "react" 变为 "preact"，化解风险之后，市场的活力就会激发出来。

中国高增长故事远未结束

剔除通货膨胀和通货紧缩期，我国经济正常增长率应该在 7%～9% 之间。从经验上看，GDP 增速只要超过 9%，不是当年就是下年，一定会出现通胀。这里所说的通胀可不是 2%、3% 的概念（这是相对正常的价格调整），而是至少 5% 甚至 8% 以上的 CPI 涨幅。与此同时，还伴随着资产泡沫，要么是股市泡沫，要么是楼市泡沫，或者二者皆有。2007 年就是典型例子。另一方面，如果 GDP 增速低于 7% 又往往招致通缩，我们注意到，从 1997 年、1998 年以后到 2003 年之间，有一段时间出现负的价格变动，这就是通货紧缩。因此，过去20年里经济增长维持在7%到9%之间的速度比较适宜，但具体也会有一些变化。

上世纪90年代大概低一点，为7%～8%，因为那时国企职工下岗人数大概有3000万，生产力都扣除了，再加上清理坏账等带来影响；2000年以后的增速高些，可能在8%～9%，因为有加入WTO、享受改革红利等系列因素影响；到现在又回到7%～8%，因为劳动力成本上升、资源环境约束加大，等等。

应当明确，潜在增长率即我们说的正常增长率是一个慢变量，三五年甚至五到十年调整一次。我们近期在做"十三五"前期研究，对此做了一些分析，基本结论是"十三五"期间中国也能保持在7%～7.5%之间的增长率，仍然在7%～8%的区间里，不会到5%、6%甚至更低的水平。

对增速较为悲观的人看到了劳动力减少，但却没看到教育程度的提高对于生产率的提升。现在经济体下，劳动力不是以往那种单纯的劳动力，而是一种人力资本。跟受过多少教育、掌握多少知识是相关的，我们算了一下，新加入劳动大军的劳动力，比现在退休的人教育起点要高得多，所以从这个意义上说，中国的高增长故事远远没有结束。

可总有人认为7%～8%的增速不高，甚至低了。这种理解是不符合实际情况的。首先，7%～8%在世界上是最高的增速；其次，即便从中国历史上来看，也算得上是较高的增速，对潜在增长率而言也是较高速增长。排除经济过热的不正常时期，可以说现在只是回到一种正常的高增长状态。正是从这个意义上说，我不同意现在需要搞什么刺激。

国内也好、国际也好，抱有这种观点的人事实上并未看清问题的实质。我要强调，以前有过的10%增速，这是不合理的，反映的是一种过热经济状态。而且中国本来就不愿意要如此的高增长，对于决策层而言，宁愿经济平稳一点、质量高一点的运行状态。以至于这些年来我们一提起宏观调控，就理解成政府要压缩产能、压低增速。

经济"新常态"就是告别过热

如何理解中国经济的"新常态"？一句话，新常态就是经济增长终于摆脱了过热。

在过去10年里，中国经济经历了两轮过热时期，这给大家造成一种印象，就是GDP老是在10%以上的增长。但回顾历史，1996年以来，实际GDP增速在10%以上的只有2004—2007年、2010年这五年，其余绝大多数年份经济增速都没有达到两位数。和以往相比，我们已进入一个比较稳定、正常的高增长时期。

在这个意义上，那些悲观论调都是错误地把过热增长当成正常状态。而正常增长是我们追求的目标。我希望，一直到2020年GDP都能维持7%～8%的增长速度，如果能够成真，即便7%，到2020年我们的人均GDP也能达到11000美元，接近世行划定的高收入国家水平。如果能有7.5%则更好，届时就能达到高收入国家的水平。

当然，正常的高增长在一定的区间内也会有所波动。有意思的是，现在经常是经济一出现波动，就不乏各种评论出现。其实，这种对于经济的过度分析恰恰反映一个问题：经济运行的平稳，已经让人没什么其他可分析的点了。即便是增速的下滑，我们这几年来也是逐渐地、小幅度地下滑调整到7%～8%区间，这种过渡完全正常，也无须过多解释。

有人说，7%～8%的增速，经济增长质量一定是高的吗？从微观上看，经济运行中还难免会有一些不好的东西，包括资源配置有效性不够高、价格不合理、污染严重、微观效率不够高、创新机制不够好等等，这些都还有可能，甚至还会有一些错误的投资和浪费现象等。但就动态而言，在这一相对均衡的增速下，肯定不会出现如今这么严重的产能过剩。由过热导致的浪费、产能过剩以及清理产能过剩这些无效率的问题会少得多。

值得注意的是，经济增长质量差产生的恶果，不仅在于当时的粗制滥造，更在于过热之后产生的过剩产能；前期的投入、后期的产出，就这么"废"了。如果我们能保持稳定的增长速度，效率一定会更好，政府也不用忙于宏观调控，而有时间去搞改革。

混改应明确国资产权主体

混合所有制首先要强调法治，在市场角度而言，就是经过平等协商后卖出的东西不能再收回去，不能变卦，包括不能拿资产流失的理由来收回。特别是对那些原来经营效益不好、在原有经营管理者手上并不值钱的国有资产，不能在别人拿来挣钱后就认为是国资流失，用转让后的市值来计算转让前的资产是不对的。

在以往的一些案例中，确有不少任意反悔、破坏市场秩序的情况出现，这是对契约精神的不尊重，也是一种破坏市场法律的行为。在推进混合所有制改革的过程中，这正是民企所担心的一点。

至于怎么搞法治，在经济学层面上而言，首先要落实所有权的主体。一个尴尬的现实是，中国至今尚缺一个能代表国资国企行使所有权的机构，目前的国资委只起到管理作用。未来一旦产生这个机构并赋予其权威性，通过法律来保护公私产权就成为可能，由此确保国有资产不流失。

在混合所有制企业里，国资是否一定要控股？这个问题值得商榷。我认为，混合所有制改革的最大意义，就在于让国有产权搭上私有产权的便车。因为国资、国企无论是管理和对市场的反应，以及对市场风险的承担能力都不如私企，因此，应尽可能让私人去控股。对国资而言，最重要的是能按期、按份额获得收益，在管理层面上，只要有代表参与董事会，能把国家的战略价值体现在企业决策中就可以了。

如果不让民资具备决策权，原来的机制仍在起决定作用，对于混合所有制企业而言就没多大意义——无非是圈了一笔钱来当点缀甚至"垫背"；对民企而言，出钱而没有决策权当然没有动力，进而难以真正发挥出企业家精神。这种混合所有制改革还不如不搞。

混合所有制作为国资国企改革的方向，毫无疑问应当坚持并切实推进。但在改革的进程中，也要注意到很多国企规模庞大，尤其在垄断行业。对于这类国资改革，私人企业的进入程度受到外界环境和自身实力的限制，但仍应当秉持积极开放的原则稳妥推进。

今后，包括一些油田在内的所有垄断行业都应当对民资放开，私人企业一时难以控股的，也要鼓励参与、尽快成长。当然，让竞争起到作用，就要求政府对国企和民企一视同仁，鼓励民企在垄断行业发展。这就需要政府的一些特殊政策，来积极发展混合所有制。

大家都在关注国家层面的国资改革方案何时能出台，有人甚至感觉现实中的国资国企改革"雷声大雨点小"。

对于国家层面的方案无须着急。改革需要自上而下和自下而上的互动和结合，历史上很多改革都是由地方和基层发起，特别是在操作层面上。国资国企改革也好，其他一些领域的改革也好，我们都鼓励地方积极去试，希望看到更多的地方采取措施，探索出更多更好的办法来。

对于改革的推进，我们不要看表面现象，调门高低并无现实意义，更不是最重要的。目前而言，不少地方的态度看起来虽然还比较模糊，但实际上却在积极做，只是对外低调而已。当然，到底哪里做得好、什么路子更切合实际和有推广价值，都还有待实践检验和大家去发现。

三方向将成中国经济的新增长点

李稻葵

李稻葵

清华大学经济管理学院Freeman经济学讲席教授,博士生导师,长江学者特聘教授。原央行货币政策委员会委员,中国人民政治协商会议第十一届全国政协委员,清华大学金融系主任,中国与世界经济研究中心(CCWE)主任。

在传统的两大经济增长点逐步褪色的当下，中国如果能够持续改进政府的社会综合治理能力、提高法制的效率、改进金融体系的效率，长远的增长前景将非常可观。

按照可能爆发的顺序看，中国经济的三大增长点包括：公共消费型基础建设投资；已有产能的绿化和升级；居民消费。其中，最有可能在短期内引爆的并可长期依赖的是公共消费型固定资产投资。要催生这一增长点，必须在融资渠道上进行创新，允许宏观杠杆率由190%提高至300%，并建立大量的国债等准货币金融工具，以较低利率的长期债券支持大量的投资，同时释放企业融资的渠道和融资的成本。

当前中国经济的增长速度比之于三年前出现了较大幅度的下滑，GDP增速已经降到了7.5%左右，名义GDP增速也降到了个位数字。中国经济到底还有没有潜力保持比较快的增长速度？如果有，新的增长点在哪里？应该如何通过改革和创新，为中国经济的新增长点接生？这是分析当前宏观经济形势必须回答的三个问题。

中国经济仍然有较快增长的潜力

要探究中国经济的增长潜力，必须把中国经济当前的发展阶段放到一个大的历史背景中来考察。

中国经历了36年的经济快速增长，今天已经成为世界第二大经济体，经济规模比排在第三位的日本超出了将近一倍。尽管如此，我们必须看到，中国当前的人均GDP发展水平按照购买力平价的汇率计算仍然只有美国的20%。

纵观人类现代市场经济发展的历史，我们会发现，一个经济体的增长潜力有多大，最主要的决定因素是，该经济体与世界上标杆性的发达国家人均GDP的差距。近几十年来，在全世界人口总量超过1000万的大国中，美国的人均GDP发展水平始终保持最高，是全世界经济发展的标杆。欧洲各国包括德国的人均GDP发展水平，按购买力平价（PPP）计算基本上为美国的80%～90%，日本当前是美国的70%（曾经达到过85%），韩国、中国台湾地区也接近美国的70%。

东亚各经济体追赶美国的历史经验告诉我们，当它们的人均GDP与美国差距较大时，追赶的速度是比较快的；接近美国时，步伐就会放缓。其基本原因是，差距大的经济体可以从美国等发达经济体学习先进的技术和商业经营的模式，更可以向发达国家出口，从而提升本国国民的收入水平。

日本的人均GDP在二战之后达到了美国的20%，中国台湾地区和韩国的人均GDP则分别在上世纪70年代、80年代达到美国的20%，在此之后的5～10年间，这些经济体的增速都在8%以上。因此，我们应该有充分的信心来预测，中国经济在未来的5～10年仍然有接近8%甚至超过8%的增长潜力。当然，这一潜力需要通过社会经济制度的改善来释放。

从长远来看，中国经济有三大发展优势。第一是作为大国经济，拥有巨大的腹地，不必过分依赖国际市场。第二是中国经济是一个赶超型、学习型的经济，能不断从发达国家学习新的商业模式和技术。第三也是最重要的，中国经济与20世纪80年代末的日本经济不同，仍然有体制创新的原始动力。

中国如果能够持续改进政府的社会综合治理能力、提高法制的效率、改进金融体系的效率，长远的增长前景将非常可观。根据我们的测算，到2049年，即中华人民共和国成立100周年之时，中国的人均GDP发展水平（按购买力平价计算）有可能达到美国的70%～75%，总体经济规模将接近美国的三倍左右。

根据这一分析，我们应该看到今天中国经济的一些困难是暂时的，中国应该有底气在今天适当地采取措施来应对经济增长下滑的态势。这是因为，中国可以通过未来较快的经济增长速度和与此同步上升的国家财力，来弥补当前维系经济增长的一些社会成本。

当前中国经济减速的原因

从本质上讲，当前中国经济减速的主要原因是传统的增长点正在褪色，而新增长点尚未完全爆发。

过去近20年，中国传统的经济增长点有两个，一是房地产，二是出口。十几年来，房地产开发及其拉动的相关产业是中国经济增长的第一大动力。房地产开发投资长期以来占到中国全部固定资产投资的20%、GDP的10%左右。

同时，由于房地产行业的特殊性，它不仅拉动着众多相关产业的增长，也带来了巨大的财富效应，让已经买房的家庭在房价不断上涨的同时获得了巨大的财富增值感，因此撬动了相当数量人群的消费。出口则在中国加入WTO之后长期保持两位数甚至高达20%的增长，2007年出口占GDP的比例达到30%以上，外贸顺差占了GDP的8.8%。

但是这两大经济增长点都在逐步褪色。房地产的增长碰到了困难，原因有两个。其一是城市居民的住房需求已经得到了部分满足。另外，由于金融改革的加速，许多家庭可以比较容易获得5%以上，即超过通胀水平2.5%以上低风险的、流动性极强的金融投资回报，这改变了居民长期以来形成的将投资买房作为财富增值、保值手段的格局。

同时，出口作为中国经济增长的拉动力已经光环不再。最重要的原因是中国经济的规模已从4年前的5万亿美元上升到目前的10万亿美元，世界这个大市场再也不能提供与中国经济增长同步的进口需求，更不用说中国自身的劳动力成本上升、利率上涨也为出口带来了各种各样的阻力。

中国经济的新增长点在哪里

既然中国经济仍然有较大的长期增长潜力，那么未来的增长点在什么地方呢？我的分析是，中国经济未来存在三个增长点，这里按照有可能爆发的顺序列举如下。

第一个增长点就是民生性、公共消费型基础建设投资。

公共消费型基础建设投资指的是直接进入未来百姓消费的具有一定公共产品性质的基础建设投资，包括高铁、地铁、城市基础建设、防灾抗灾能力、农村的垃圾和水处理、空气质量的改善、公共保障性住房的建设，等等。

这种公共消费型投资不同于一般的固定资产投资，因为它们并不形成新的生产能力，不带来产能的过剩。更重要的是，这种公共消费型投资并不完全是提供公共产品，比如说高铁和地铁仍然是谁使用谁受益，具有相当的排他性，并不是全体百姓同时受益。

但是这类产品的性质与汽车、冰箱和电视机不同，因为公共消费必须是大量民众一起进行的，比如一趟高铁的消费群是几千人，不可能为一个人开一趟高铁，但是一部手机却是一个人使用的。公共消费品需要大量的前期性投资，从社会福利的角度看，公共消费类的投资尽管商业回报可能比较低，但一旦形成服务能力，可以逐步形成社会福利回报。

为什么说这种公共消费型基建投资是中国经济当前以及未来的第一增长点呢？最根本的原因是这类投资是当前中国百姓最需要的，最能够直接提升百姓未来幸福感。中国的国民，尤其是城市居民，与发达国家国民的生活质量差距，已经不再是电冰箱的拥有量、手机的普及度和质量，乃至于汽车的拥有量和品质，而在于空气的质量、交通的拥挤程度、公共交通的普及度和质量，以及自然灾害来临之时的应对能力。

这些本质上属于公共消费水平的范畴。提升公共消费的水平，需要非常长的投资周期，商业回报往往是很低的，需要政府长时间的补贴。但这种投资在很大程度上可以拉动经济增长，就目前情况而言，中国的固定资产投资中约有25%用于此类投资，这一比重未来还有提升的空间。值得一提的是，这种投资不仅不会加重产能过剩的问题，反而有助于化解这一难题。

中国经济的第二大经济增长点就是已有生产能力的绿化和升级。

中国的制造业从生产能力和产出量上讲已经在全球名列前茅，但是各种生产设备往往是高污染、高能耗的，把这样的产能升级为现代化、有效率的产能，需要投资，这个投资的过程将长期拉动中国的经济增长。

根据笔者不完全测算，仅五大耗能行业——有色金属、钢铁、电力、化工、建材，更新一遍高污染、高能耗的产能，就需要10年时间，其每年将拉动GDP增长1%。而且，由此带来的低污染和低能耗将令国人长期受益。

中国经济的第三大经济增长点是居民消费。

中国居民消费自从2007年以后，每年占GDP的比重在不断上升，据测算，目前已经上升到45%左右，但是居民消费真正成为经济增长的重要增长点，其比重超过GDP的50%，恐怕还需要4~5年的时间。

综上所述，中国最有可能在短期内引爆，并且可以长期依赖的最大增长点就是公共消费型投资。

如何催生公共消费型投资这个中国经济第一大增长点呢？

为了释放中国经济的增长点，最重要的就是找到一条长期稳定、高效的融资渠道。当前地方政府投资主要的资金来源，是银行贷款及与之类似的信托产品，公开发债占比很低。

依赖银行贷款进行长期投资的弊端很多。第一是期限错配，以3年或3年以下的银行贷款支持10年以上的固定资产投资，往往使得地方政府需要不断向银行再融资，而每一轮再融资无论对银行还是政府都有风险。

第二是地方政府面对短期还债的压力，从而过分依赖土地开发，这就像一个紧箍咒，不断逼着地方政府拍卖土地，同时又担心地价下降，导致许多地方政府不能够按照应有的长期规划来进行土地开发。

第三就是由于大量的固定资产投资依赖银行贷款，而这些投资具有政府背景，在资金来源上具有优先级，在相当程度上挤压了银行对中小企业的贷款，中小企业往往不得不以很高的利率为代价融资，这就拉高了整个民营经济的贷款利率。

当前非常荒唐的格局是，中国的国民储蓄率高达50%，但贷款利率普遍在6%以上；而美国的国民储蓄率为15%左右，其贷款利率却普遍在3%～4%的水平。

该怎么办？我们必须机制创新，通过创新为长期固定资产投资打开融资渠道。首先应该允许宏观杠杆率有所提高。当前中国的杠杆率，即贷款余额加债务余额占GDP的比重，约为190%。

国际上很多人认为这个比重太高，但是必须注意，中国的国民储蓄率是50%，用这些储蓄去支持占GDP约190%的债务没有任何问题，因为这些债务的年利息顶多是GDP的19%（按照名义利率10%的上限计算）。美国经济的杠杆率是250%，但是美国的储蓄率只有15%左右，更何况，美国还是一个以股权等直接融资市场为主的经济体。

根据这个分析我们认为，中国经济的杠杆率按照比较保守的计算应该提升至300%。其中的关键是调整债务结构，本质上讲，需要把部分公共消费性基础设施投资由银行贷款转变为低利率的政府性贷款，或由政府担保的借款，由此释放银行贷款潜力，让其更多地为企业服务。

具体说来，首先应该逐年增加国债的发行量，使国债占

GDP 的比例从当前的 15% 提升到 50%。可以用净增发的国债收入建立专门的国家民生建设投资开发公司，类似于国家开发银行，但其功能更加单纯，就是专门评估地方政府的长期固定资产投资资金的使用情况。

根据我们的测算，中国 2014 年可以增加 9000 亿元的国债规模，2015 年，在此基础上还可以再增加 3000 亿元，即 1.2 万亿元。以此类推，中国经济未来 5 年大约能够形成一个 7 万亿元以上的不断滚动的（发新还旧）投资基金，用于长期支持民生性项目的投资建设。

第二，已发的、地方政府所借的债务，应该及时地转为地方政府的公开债务（由中央政府担保），但地方政府也需要同时公开自己的财务信息和资产负债表。这样可以形成社会对地方政府财政的监督机制，这也是一个机制的创新。

第三，应该通过资产证券化等方式，逐步降低银行贷款存量占 GDP 的比重，如果能从目前的 130% 降低至 100% 的话，将有助于化解银行的金融风险，更可以解决经济增长对货币发行依赖的老大难问题。

换句话说，通过以上运作，可以逐步将货币的部分功能调整为由国债等准货币类金融工具来提供，从而使得金融市场的风险大幅度下降。同时也必须看到，当前由银行发出的基础设施贷款有一定的风险，所以应该允许银行和信贷公司进行一定的重组，允许部分的项目和产品违约，这样才能够给金融系统消毒，逐步地化解系统性金融风险。

总之，中国经济未来仍然有大好的发展前景，而当前能够看到的最大的新增长点就是长期的、可持续性的、民生的、公共消费型的基础设施投资。为了释放这一增长潜力，必须从现在开始在融资渠道上进行创新,要在中国建立大量的国债等准货币金融工具,以比较低利率的长期债券来支持大量的投资,以此打通企业融资的渠道,降低融资成本,为整个中国经济的转型升级奠定坚实的基础。

改革转型期的中国经济走向分析

姚景源

姚景源

姚景源,现为国务院参事室特约研究员,曾任国家统计局总经济师兼新闻发言人。

我知道现在大家高度关注中国经济，中国经济一方面在合理的增长区间，就是说我们总体状态还是处在稳中有进，但是另外一方面我们确实要看到经济下行的压力仍然存在，潜在的风险和困难不容忽视。我们要把握中国经济的阶段性特征路线，最重要的要把握中国经济这个阶段性的重要特征是什么。

中国经济发展到了现在这个阶段，最重要的阶段性特征是什么呢？就是三期叠加。哪三期叠加呢？第一就是我们现在正处在增长速度换挡期；第二就是结构调整阵痛期；第三就是以往刺激经济政策产生负作用的消化期。所以大家把握中国经济现在最重要的阶段性的特征，就是说我们现在正处在增长速度换挡期、结构调整阵痛期和以往刺激经济负作用的消化期。现在复杂在哪里呢？这三个期同时出现，它的作用相互叠加，所以我们看整个局面就更为复杂。

下面我详细解读一下这三个期。

第一，是增长速度换挡期。如果从1978年算起，中国的改革开放已经经历了30多年。30多年平均增长速度就全国来讲是9.8，接近两位数的增长。正由于30多年保持的这样高的速度，所以才有了今天的经济面貌。可能大家都知道在1978年的时候我们中国一年的国内生产总值只有3645亿元，1978年的时候中国城市的人均年收入只有343元，农民在1978年一年的收入只有133元。应当讲那个时候我们还没有摆脱贫困从根本上解决温饱，所以我们要想解决中华民族的最根本问题，我们要想致力于世界民族之林必须发展经济。当然，从历史上看，有过我们这样高的增长速度并持续了一个比较长的时间的首先是日本，日本从50年代开始进入了高速增长，它的增长速度和我们这30年差不多，日本的高速增长持续多长时间呢？15年。日本之后就是亚洲四小龙，新加坡、韩国、中国台湾和香港。亚洲四小龙是上个世纪60年代进入高速增长，其高速成长20多年。我们现在已经有30多年高速增长，所以大家一定要认识什么问题呢？按照客观经济规律，任何一个国家不可能长时间地保持高速增长。这个道理其实很通俗，就像每一个人一样，你身体再强壮也不可能长时间地高速奔跑，总要经过一段时间慢下来。所以现在中国经济增长速度由过去高速挡换到中速挡，首先是客观经济规律的要求。除了客观经济规律的要求把高速挡换成中速挡以外，我们自身在过去发展中间累积的矛盾和问题也要求中国经济换挡。

大家知道过去30多年非常重要的是靠两个红利：

一个是改革的红利。从1978年开始我们在农村取消人民公社，实行家庭承包责任制。我们告诉农民说你交给国家、留给集体的，剩下的是你自己的。我们在城市把计划经济转为市场经济，所以改革就解放了生产力，改革的红利就强劲有利地支撑经济的高速增长。但是我们现在的改革，大家知道习近平总书记讲现在的改革进入深水区，怎么理解深水区呢？改革过去有一句话叫摸着石头过河，现在改革进入深水区，水太深，石头摸不到了。总书记讲我们的改革面对的问题是，以往好吃的肉都已经吃尽了、吃光了，现在剩的都是难啃的硬骨头。所以大家知道我们改革要打攻坚战，为什么十八届三中全会提出全面深化改革，我们就是要重新唤起改革的红利，来支撑中国经济的可持续发展。所以说改革到了今天我们遇到的都是难啃的硬骨头。

还有一个红利是人口红利。1978年开始有几亿年轻人不怕苦、不怕累，踏踏实实干工作，应当讲过去人口红利极大地推动了中国经济、支撑了中国经济。但是现在我们的人口红利处在一个什么状况呢？去年全国劳动年龄人口净减少233万，前年净减少345万，就是说中国的劳动年龄人口每年都在以二三百万这样一个数量减少。现在我们讲到企业困难。今天很多银行的领导来，我们更多的是讲融资难、贷款难，其实还有一个是用工难，劳工成本不断上涨。人工平均工资2010年是1690元，去年已经达到了2609元。我在长三角、珠三角调研，没有三千块钱很难请到人了，青岛的价码也在此以上。这些年来劳工成本每年以15%～20%的成本在上涨。

我们说增加城乡居民收入，工资上涨是好事，但是大家注意，劳动者、劳动力工资的上涨是因为劳工技术提高进而导致劳动生产力的发展是良性的，但现在仅仅是因为人工红利丧失导致劳工价格上涨，给企业形成压力。如果劳动力成本每年平均以15%～20%的比例上涨，其他要素方面必须降15%～20%。但是很显然，做到这一点是何等的难。

除了这两个红利要求我们换挡以外，我们的资源和环境不堪重负，也要求我们换挡。过去我们都是高能耗、高污耗，这种大量的消耗使得我们自身资源难以支撑这种增长方式。怎么办呢？我们就进口。现在我们的原油50%以上靠进口，铁矿石一半以上靠进口，中国每吃10斤豆油有7斤是进口。为什么讲大宗商品市场呢？我们现在在世界上进口什么什么就涨价，近些年来我们饱受输入性通胀的影响和冲击，自然的状况显然要求中国经济换挡。还有一个是环境，现在我们的环境不堪重负，比如说雾霾，北京1月份是31天有26天是雾霾，现在的雾霾不仅仅是北京地区，一直到东北、华东，华南多数省份也出现雾霾。有一个段子，北京的小朋友讲现在的雾霾已经看不清楚天安门城楼上挂的毛爷爷的像了。哈尔滨回了一段，说我这儿比你还严重，我现在已经看不清楚一百块钱上毛爷爷的像了。

我讲一个统计上的东西，我们国家的癌症统计，中国人癌症发病几十年来一直都是肝癌排在第一位，肝癌的原因就是营养不良或传染病，但是现在肺癌正式取代肝癌成为中国人癌症发病排名第一位，显然环境与自然不堪重负要求我们增长速度要换挡。

回过头来之后，由高速挡换成低速挡。换挡是客观规律的要求，换挡是我们从根本上化解中国经济深层次矛盾的要求，是使经济运行各项比例关系这根弦不至于绷得这么紧，进而给我们的改革一个良好的环境和空间。

关于换挡，我觉得现在的问题就是我们不少同志不适应。首先是干部不适应，干部过去30多年都是大干快上，但是一讲到换挡就不太会干或者不知道怎么干。企业家也有这个问题，企业家过去更多的是走外延扩大再生产，从数量中获取效应，现在要换挡也是个新课题。普通老百姓也不适应，老百姓觉得中国经济怎么会往下掉,是不是要出大事情了呢?再加上媒体,我们都处在一个不适应的状态。

由于我们处在换挡期,经济工作主要的风险不是上限,不是过热导致的膨胀,还是下限。换挡问题有一条很重要,大家开车都很熟悉,开车换挡不能一下从五挡换到一挡,那样车受不了,人也受不了,所以要有一个过程。这样就便于大家理解为什么中央经济工作会议确定今年工作的总基调叫"稳中求进",关键要把握理解换挡期。现在有的人讲我们能不能坚持一年半载挺过去,我觉得这种思想不对,因为换挡期并不是一年半载,而应做三年五载的准备,这个意义很重大。

第二,是结构调整阵痛期。我们这个结构究竟是什么问题呢?我简单给大家讲讲中国的结构究竟是什么问题。首先还是要看生产结构,看生产结构就是看一产、二产、三产。现在是什么问题呢?第一产业极其薄弱,第二产业大而不强,第三产业比重太低。

比如第一产业农业极其薄弱,可能由于我们的粮食连续10年丰收,大家现在对中国的农业问题盲目乐观。我说你千万别盲目乐观。比如说去年粮食动产量是1.2万亿斤,但我们还是进口了超过7000万斤的粮食。关于我们的粮食,总理曾经说过九个字,"政策好,人努力,天帮忙"。我说这里最大的不确定因素就是天帮忙,天也不是党员,它不归我们管,你下什么文件也不管用。人家帮你这么多年忙挺够意思了,这几年天不太愿意帮助,谁能保证天还继续帮我们10年忙呢,那怎么办呢?就得"政策好"上下工夫,理解这一点就能理解中央1号文件,为什么惠农的政策只能加强不能减弱。现在粮食产量的提高更多的是靠单位产量提高。由于耕地面积在减少就靠单产,单产提高是靠大量的化肥农药。现在中国单位土地面积化肥使用量是美国的四倍、印度的三倍，大家说不好吃，不是不好吃，而是土壤恶化，接着就是污染。习近平总书记讲我们13亿人的饭碗一定要端在自己手里，为什么？因为全世界养活不了13亿人。比如说大米，现在世界上大米贸易量3800万吨到3900万吨，中国大米一年消费量是1.4亿吨，把全世界卖的大米都弄到中国来仅仅能满足中国人消费的1/4多一点。现在的农村还是组织化、规模化程度太低，这样的状态下怎么建设生态农业。我说农业农村这一边是千家万户小生产，那边是千变万化大市场，千家万户小生产和千变万化大市场这两个"千万"必须要对接，但是现在不能把千家万户小生产和千变万化大市场对接的千斤重担交给农民去挑，农民怎么挑起这么重的担子？

我说出现在农村的一个状态希望大家记住，就是4、5、6。中国现在还有4000万老人、5000万留守妇女、6000万留守儿童，加起来一共1.5亿人。这个薄弱环节不解决，中国不可能走向一个强国。

第二就是工业，工业现在大而不强。按照联合国的标准，440种统计的重要工业品当中，中国有281种居世界产量第一，比如中国去年造船总吨位占世界总产的60%，汽车占25%，机床占38%，大多都是世界第一。中国服装出口到什么状态呢？全世界现在是70亿人，扣掉中国13亿还有57亿，现在每年服装出口数量是给这57亿老外每人每年平均做三件外衣再加两双鞋。中国鞋子、衣服出口数量了不得，但是非常遗憾，我们这么大的服装出口量包括青岛的服装出口都是贴牌。贴人家的牌子，没有自主知识产权，资源消耗我们的，能源消耗我们的，污染留在我们这儿。所以我们的工业在国际分工上处在下游、处在末端。

达沃斯会上克强总理作了一个讲演，讲演的题目是"创新刻不容缓"。我也参会，会后媒体让我解读一下总理讲的"创新刻不容缓"，我说总理讲得很通俗，刻不容缓还用理解吗？你知不知道一刻是多长时间，一刻不就是15分钟吗，真的是一刻。而且现在的创新都是变革性的、革命性的、毁灭性的，比如一台液晶电视机的出现对消费者都是好事，但是对谁来说是摧毁呢？就是对显像管行业，因为它不需要显像管。原来我们国家最大的显像管生产厂在陕西咸阳，多好的显像管企业不行了，因为创新和技术创新是带有摧毁性的。一个光盘的出现摧毁了录像机，20年前谁家都有录像机，现在都没有了，因为硬碟和光盘的出现。数码相机的出现摧毁了胶卷行业，比如我们国家原来最大的生产厂在保定乐凯，保定乐凯是最大的胶卷生产厂，不光是它，美国柯达公司10年前股票是一股40美元，全世界有几位能预测到柯达公司破产呢？什么原因？就是因为技术进步。

今天很多领导来，我说银行确实要技术创新，要技术进步，而且要看见创新是摧毁性的。有些行业现在看起来很好，但是说不定就是摧毁性的。

马云和王健林曾在北京打赌，马云说10年时间中国电子商务占到全社会商品零售总额的一半，如果占不到一半他赔王健林一个亿。当时我在场，他们两个说让我当见证人。我是觉得非常有可能，前年全社会商品零售总额是20万亿，马云一家电子商务是1万亿，已经占了全国的1/20，超过了绝大多数省份。上海一共有54家单体商场去年一年卖了309.3亿，而2013年11月11号只一天电子商务就卖了350亿，什么都是创新。我跟齐鲁商品交易中心讲一定要在创新上下工夫，但这恰恰是我们的不足。我有一次发牢骚讲过，现在中国干好事的都没有干坏事的创新能力强，现在干坏事的这帮人全是高科技。前段时间开会说研究循环经济让我参加，我在会上发言讲什么是循环经济，现在中国真做到循环经济的就是地沟油，从餐桌上出去回到餐桌上来，这不是循环码？所以我们的工业大而不强，我们处在下游、末端，显然这种状况不可能使我们中华民族走到一个强国的地位。

第三个是比重太低，第三产业去年比重是 46%，46% 跟我们自身比是很高了，但是 46% 的三产比重跟美国比，美国是 80%，我们比美国跌了一小半。全世界平均水平是 60%，我们比全世界平均水平还低 14 个百分点。第三产业还有个什么问题呢？第三产业不但是比重低，层次也低。一说三产就是餐饮业吃饭喝酒，我们特别缺少现代服务业。现代服务业是什么呢？总理曾经讲结构调整的突破口就在于发展服务业，特别是现代服务业。现代服务业是什么呢？首推金融，然后物流，为生产服务，包括我们交易中心。就是说现代服务业的问题不发达最直接导致的问题是大学生就业难。现在就业最头疼的不是总量，是结构，一个普通的农民工找工作不难，难的是大学生。为什么大学生就业难呢？因为大学生就业领域是在服务业特别是现代服务业，显然我们这块太低，所以保险、文化、教育、科技各种商品交易都应当是我们扶持的重点。这段时间克强总理包括国务院研究的重点问题是要向改革要动力，怎么做呢？就是使这些现代服务业能够发展起来。实体经济增速在回落，很困难，但恰恰服务业比较好，是现在经济的一个比较好的基础。

结构当中一个最突出的问题就是产能过剩，诸多领域都是生产能力过剩，中国钢铁生产能力是 10 亿吨，去年生产了 7.78 多亿吨，闲置 2 亿吨，钢铁价格一路下跌，去年一吨钢利润最低的时候只有四毛三分钱。水泥的全国生产能力是 30 亿吨，去年生产 24 亿吨，生产能力闲置 6 亿吨。电解铝是 2700 万吨的生产能力，去年生产不到 2000 万吨。现在问题严重在哪里呢？生产能力过剩的局面不仅没有缓解，还在加剧。比如刚刚过去的 4 月份，中国一天出钢产量 229 万吨，什么概念呢？历史最高水平。水泥去年新上了 50 条生产线，再新增生产比例的话，中国水泥生产能力还要再增加 1 亿。什么原因呢？原因有很多，我只讲一个，就是地方政府对待调结构的认识有问题。地方政府为了招商引资说你到我这儿来干，企业说你让我干什么呢，水泥产能已经干了这么多了，过剩我不好卖啊，地方政府说你在我这儿干，我给你土地不要钱，税收先征后还，第三环保局我说了算不查你。你说净搞这些结构怎么调？还有一个原因，产能过剩不单单是传统问题，不单是钢铁、水泥、电解铝、造船，而且很多行业，风力发电产业闲置 1/4，光伏产业 2010 年毛利率还是 30%，现在也是过剩。放眼望去什么不过剩呢？找不找？找不出来。

  我老朋友的女儿结婚，我参加婚礼，他们让每个人都讲两句话。我说我们现在生活在一个过剩的时代，什么都过剩，仔细找找什么东西短缺呢，找来找去就是好姑娘短缺。我说你看这孩子属于短缺呀，今天结婚了。化解产能过剩是必须要做的，不化解企业没利润，社会结构不均衡，巨大的财富被浪费。

  怎么办呢？现在是四个一批：第一叫作改造一批，第二消化一批，第三是下决心淘汰一批，第四是转移一批。显然这是对的，但是化解产能过剩有代价，这个有痛苦，不是轻而易举就能做好的。比如说化解产能过剩，说我们 GDP 可以不要、说财政不要，但是化解产能过剩、淘汰产能带来的失业怎么办？本来现在社会各种矛盾就凸显。

前段时间我去唐山调研，现在河北省唐山市一个市的钢铁产量超过整个欧洲。这回让他压三千万吨，他们自己也承认，他说压三千万吨钢的生产能力直接造成二十万人失业。我们还是要尽可能地减少阵痛。

我前段时间牙总发炎，去了医院，医院说你这牙不行，总发炎，不仅发挥不了正能量还发挥负能量把好牙给弄坏了。大夫说把你这个牙拔了给你种牙，种的这个牙跟原来的牙一样，还好看。大夫说完以后，我猛然反应过来，拔牙拔完了再种不就是跟结构调整一样吗，牙没了不就调整、淘汰了吗？后来我说拔吧。拔过牙的人知道不是大夫拿着钳子往下拽，他给你打麻药，拔完一点不疼，我就回去了。我突然想到，我们结构调整就像拔牙得打点药，不打药猛拔把人疼哭了也不行。后来拔牙一交钱才知道是公费医疗，种牙是自费。我一想这个也有点道理，结构调整恐怕不能让企业自费，让企业全自费他不拔了怎么办，他不调啊，还得公费。当然种牙时新开工、新上的项目效益还好的你自费。所以对此恐怕我们还是得研究。我曾经说过我们有的同志不理解，事情想得过于简单，比如说我们的经济工作方针，现在的经济工作叫"稳增长，调结构，促改革，惠民生，防风险"，念起来特别通顺，我干这个工作的，写起来很好，但做起来很复杂。

第三，我们现在处于以往刺激经济负作用的消化期。按照经济学原理，任何经济政策都有负作用，我曾经讲过有些人不理解这一点。大家知道经济工作不要追求最佳状态，因为任何经济工作都有成本和代价，而且成本和代价、风险是跟收益是一致的。中国有的人不明白这一点，他总是想风险最小、收益最高，天底下没这种事。我曾经说风险和收益是一致的，他们不服，我说跟你们一说就明白了，你说现在干什么最赚钱？就是贩毒，但是贩毒抓住枪毙这个风险很大，所以风险和收益是一致的。我们到饭店吃饭，今天说要吃最好吃的，最好吃的掏钱最多。你说要吃最便宜的，最便宜的味道最差、最没营养。画两条曲线找这个均衡点，这个均衡点是什么呢，就是花钱不多吃得还好。我们搞经济工作的每天每一个决策都是画曲线找均衡点，找着这个均衡点就是经济工作的本事和水平。对于负作用来讲，我们没有必要去讲这么多，任何经济政策都有负作用。这个负作用到现在关注的是两个：第一个是货币数量。广义货币数量2001年是15万亿，去年年底是110万亿，用110万亿除以15万亿就告诉我们在十多年中广义货币数量增长了7倍。我们已经是世界第一，超过美国，当然我们也还有其他原因，不管怎么讲广义货币如此增速、如此数量就知道为什么房价涨、为什么物价涨。现在一方面广义货币数量干到110万亿有如此宽泛的流动性，但是另一方面还是融资难、贷款难，还是钱荒，说明经济存在的问题需要深层次的改革。第二个是地方政府融资平台（地方债务）。今年年底地方政府一共借了17.9万亿，这17.9万亿的钱占的数量不像国外和国内讲的那样是炸弹，在国际上有标准，一个国家的债务和它的国内生产总值收入有一个比，就是赤字率（债务风险率）。现在债务风险用赤字率来讲还是大大低于美国、低于欧洲、低于日本、低于巴西，所以总量的话还是可控。当然个别地方政府确实有问题，比重过高，但总的来说风险可控。既然风险可控，为什么我们还要讲它呢？

第一是增速太快，2006年的时候地方债务是三年翻一番，如果你不干预它、遏制它，三年翻一番的话就了不得。第二，有些地方政府借钱那天就没想还，你说借钱那天就没想还能没风险吗？我也当过市长，我也借过钱了，你说现在有谁来我这儿要钱的？有些地方政府想还，这些地方政府把还钱的希望放到土地涨价上。这些使我们货币政策的空间正在缩小。

综上所述，我们在未来三到五年中国一个重要的阶段就是增长速度换挡、结构调整和消化复苏这样一个阶段。对于这样一个阶段，大家一定要注意，它是挑战也是机遇。所谓挑战是方方面面都充满挑战，所谓机遇是我们处理好这个时期就能够化解的中国经济深层次的矛盾和问题，进而使中国经济保持可持续的状态。

面对这样一个复杂局面，还是要按照党中央的部署，还是要坚持"稳中求进"这样一个基调，大家不要急，就是稳中求进。增长要回落，我们还是要把回落的更多精力放在增长和提高效率。我们向改革压动力，向结构调整要空间，从这个结构来说，我们还是坚持两分法辩证地看待上述的这三个特殊时期，我们计划它，紧紧应对挑战，同时也把它看作是机遇，看作是转方式、调结构、促改革这样一个机遇。而处理好这样一个重要阶段，中国经济就能够再续辉煌。

中国经济增长变轨与经济政策指向

黄志凌

黄志凌

经济学博士,现任中国建设银行股份有限公司首席风险官。主要专长是宏观经济和金融理论研究,熟悉商业银行和投资银行业务。

国家统计局自公布2014年一季度宏观经济运行指标以后，国内外关于中国经济现状和走势的担忧不断升温，各种对策、建议也是南辕北辙。我认为中国经济增长已经呈现相对平稳的态势，已经或者将要进入新的增长轨道，宏观政策、微观经营都需要适应这种变化趋势。

一、中国经济增长呈现变轨态势

怎样认识当前中国经济形势，怎样判断当前中国经济阶段，国内外的认识分歧很大。既有持续震荡下行说，也有正在筑底即将反弹说。但是，如果我们对中国进入新世纪以来经济增长轨迹进行冷静分析，就会发现中国经济增长似乎已经步入新的轨道。

图1：2000–2014年中国GDP增速（%）

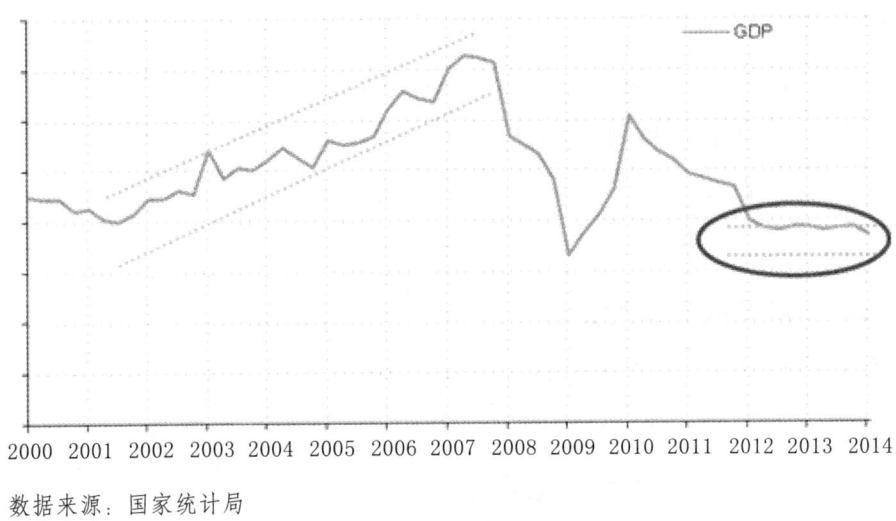

数据来源：国家统计局

2002—2007年中国经济增速一直保持在上升通道，时间长达27个季度。但随着金融危机带来的国际经济环境剧烈变动，GDP增长在2008—2011年间经历了较大波动，从2007年四季度的14.2%快速下降到2009年一季度的6.6%，随后因大规模刺激政策回升到2010年一季度的12.1%，之后开始继续下降到2012年一季度的8%以下，这16个季度基本的趋势是在剧烈波动中伴随着增速下行。但从2012年一季度至今，GDP增速已连续9个季度保持在7%～8%的区间之内，中国经济增速的轨道已发生明显转换，从连续上升、大幅波动进入较为稳定的中高速增长区间。我们把时间再延伸到1980年至今，中国经济有三次明显的加速期，分别是上世纪80年代初（1981—1984年）、90年代初（1990—1992年）和本世纪初，三次加速期后都伴随着一段时间的调整（1984—1990年、1993—2000年、2008—2011年），与这三次加速期相联系的事件分别是改革开放与家庭联产承包责任制、邓小平南方谈话和社会主义市场经济地位的确认、加入WTO；但与前几次不同的是，2012年以来经济增速并未继续向下调整或转入加速期，而是在一个区间内平稳增长。国务院发展研究中心开发的递推动态中国CGE模型（DRCCGE）预测结果显示，2014—2016年间GDP增速将保持7%水平以上；使用向量自回归模型对未来3年增速进行预测，结果也不低于7.1%。

经济增速的这种趋势性变化，是国际与国内各种因素综合作用的结果。从主要经济指标发展趋势来看，中国经济已经出现中长期趋稳的积极变化：一是经济增速回调过程中就业保持稳定，就业总量对增长放缓的容忍度有所提高；二是东部沿海地区经济增长呈现走稳趋势；三是企业盈利水平并未随GDP增速下降出现大范围亏损；四是经济结构正在发生转折性变化，第三产业比重在2013年首次超过第二产业，消费对经济增长的贡献作用稳步提升。另外，随着宏观调控方式的变化，尤其是给出增长率下限指引，有利于社会各方形成较为合理的增长预期。考虑到影响经济增长的主要因素近期不会发生大的变化，未来3～5年间预计经济增速仍保持在7%～8%的区间，同时伴随的是经济结构调整和经济转型升级的推进。若能够维持适度的投资强度，优化消费结构，培育新的增长点，这个增速仍是健康的、相对可持续的，有利于未来10～15年中长期经济稳定发展。

二、经济增长主要指标波动收敛、趋稳

2008年之前几年,中国工业增加值增速一直在15%～20%左右,经过几年的调整,近两年增速下滑到10%左右。从供给角度看,中国经济主要行业产能都处于相对过剩的情况,制约经济增长的主要因素还是需求方。

图2:工业增加值增速(%)

从拉动中国经济增长的需求因素来看,2010年以来,投资、消费、出口等"三驾马车"对GDP的贡献在减弱,但我们需要认清这种变化的实质,三个方面都已进入相对稳定的发展阶段,3～5年内发生大幅下滑的可能性不大。

图3："三驾马车"对中国GDP增长的贡献（%）

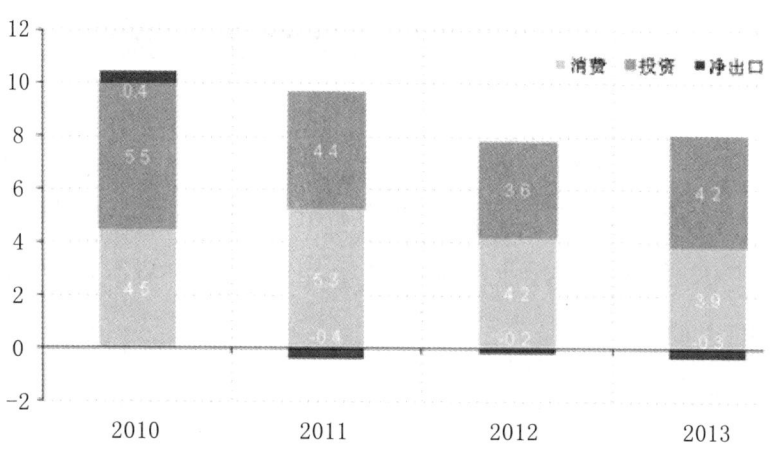

数据来源：国家统计局

1. 投资

"三驾马车"中，投资对GDP增长的贡献最大。从改革开放30多年的情况看，消费增长基本稳定，出口对增长的直接影响有较大或然性，影响经济增长的主要因素是投资增长，尤其是基础设施投资、房地产投资和制造业投资。考虑到制造业投资较大部分是由于基础设施投资、房地产投资和出口带动，中国经济增速对基础设施投资和房地产投资的依赖性比较大。2011年末至2014年一季度末，全国固定资产投资增速由23.8%下滑至17.6%，导致经济增速明显回落。但从行业来看，投资增速出现明显下降的是采矿业、建筑业、房地产业、电力、金属冶炼以及住宿和餐饮等落后产能或受中央反腐政策影响较深的行业，而对教育、卫生、科学研究、环保和基建等关系可持续发展的行业投资增长相对平稳。由于房地产、电力和采矿等行业一直是我国固定资产投资中的重头戏，对其投入减慢虽然在一定时间段内拉低了经济增速，但换来的是投资结构的优化和产业的升级，可以说中国经济增速的转换已经势在必行。

从趋势上来看，最近9个季度虽然制造业投资和房地产投资仍然处在震荡调整之中，但振幅呈现下降趋势；而基建投资整体上呈现回升上行趋势，从而使整个投资增速波动趋稳。

图4：投资增速情况

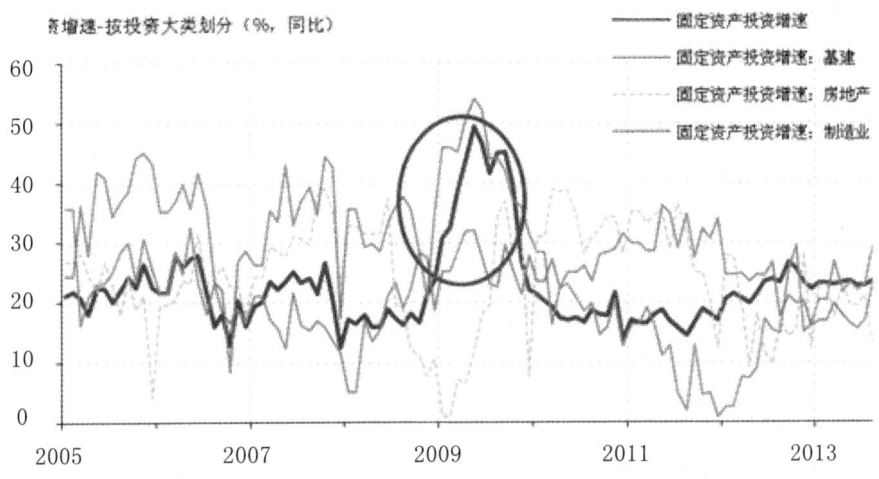

2. 消费

2011和2012年，消费一度超越投资成为对GDP增长贡献最大的因素，但2012年后期消费增长出现拐点，社会消费品零售总额月度同比由15%下降至13%左右，限额以上企业消费品零售额增速下降超过5%，限额以上餐饮企业收入明显萎缩。值得注意的是，2012年以来的消费增速下滑是以中央出台"八项规定"等一系列厉行节约、打击奢靡消费的政策为背景的，公款消费和奢侈消费被明显挤出，过度消费、超前消费、奢侈消费出现明显下降，但居民消费并未受到影响，社会消费增长更多地倚重基本生活需求和消费结构升级的拉动，而高端餐饮、娱乐场也积极面向市场转型，大中网络消费蓬勃兴起，信息消费、文化消费、技能培训等教育消费呈现快速增长之势，消费行为更加理性，消费市场更加健康，从长远来讲是非常有利于经济增长方式转换的。

图5：2012-2014年中国社会消费当月同比增速（%）

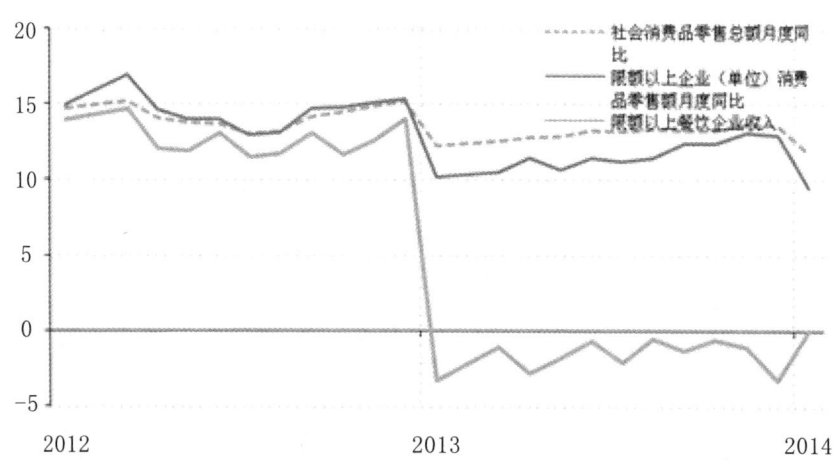

数据来源：国家统计局

3. 出口

2011—2013年，出口对我国GDP增速的贡献率均为负值，主要原因是出口增长受外部环境影响不如人意。次贷危机以来，全球经济增长大幅放缓，拖累中国出口从过去十几年20%以上的增速大幅回落至个位数，在个别月份甚至出现负增长。进入2014年，外部环境仍然复杂严峻，国际货币基金组织将今年世界经济增长的预期调低了0.1个百分点，我国出口形势依然不容乐观。但从国际金融危机爆发以来我国进出口增速变化轨迹来看，波动幅度明显收敛，尤其是从最近9个季度扣除季节性因素以后的趋势上来看，进口与出口都呈现趋稳态势。

图 6：中国进出口增速（%）

虽然影响经济增长的三个因素都有继续波动的不确定性，但我们目前看到的总体态势是趋于稳定，消费增速在挤破公款消费和奢侈消费泡沫后预计增速仍然稳定在 12% 以上，消费对经济增长的贡献在上升；出口增速虽然处于较低的水平，但随着国际经济的复苏以及中国出口结构和对外经济战略的调整，未来继续下滑的可能性比较低，净出口对经济增速的贡献将企稳回升；投资增长还有较大空间，城市基础设施补课、棚户区改造、中西部建设、城镇化、制造业固定资产更新周期等方面的投资需求旺盛。总体来讲，在目前全球经济缓慢复苏的环境下，中国经济增长不仅能保持在 7%～8% 的区间，而且是健康、可持续的，完全没有必要为季度之间零点几个百分点的波动而过分忧虑，况且对比美国、欧盟、日本等主要经济体，中国的经济增长仍是比较快的。

中国经济继续下行的概率不大，但是幻想通过强刺激或微刺激回到过去高速增长的老路也是不可能的。我们将要面对的是一种新的经济增长态势，宏观政策与微观经营都正视这种转变，认识到中国经济已经进入新阶段，要有新的思维并用新的视角来看待中国目前所发生的变化。

三、经济增速虽然不能代表经济发展的全局情况，但中国目前仍然需要保持一定的速度

经济发展不等同于社会发展，经济增速也不能真正体现经济发展的全面情况，但保持经济增速是提高经济发展水平、促进经济结构调整、保障社会全面协调发展的基石，没有增速就会面临更多的经济、社会问题，改革空间就会被大大挤压。从国际和历史经验看，经济增速下降本身并不可怕，怕的是经济增速的快速下滑或者频繁、剧烈波动，一旦这种情景出现，常常破坏市场信心，造成过多悲观预期，投资、消费趋于保守，失业问题、居民收入问题、财政问题、社会问题可能接踵而至，乃至发生恶性循环，形成经济发展"陷阱"，拖累一国长期停滞不前。因此，当前政府的主要任务之一仍然是要保经济稳定，保稳定根本上也是保信心。

从外需看，尽管金融危机"后遗症"频发，但已有迹象表明国际市场正在温和复苏之中。美国私人需求强劲，整体经济虽然处在小幅增长阶段，但增长范围广泛，消费信心和房地产投资升温，民间部门复苏，不确定性转小；日本经济在强力刺激政策推动下出现强劲反弹，出乎预期；欧元区亦从衰退和财政困境中蹒跚恢复；新兴经济体受到周期性和结构性因素双重

制约，经济增长水平将不及过去几年，但预计增长率仍将高于发达经济体。尽管各个国家的经济结构矛盾仍未消除，制约了经济复苏水平，但初步展现的经济回暖势头及各国市场需求的稳步增长，必将给中国进出口贸易创造广阔的空间，也将拉动出口对GDP增长的贡献。需要注意的是，发达国家通常是中国的主要出口市场，而部分发展中国家既是中国的市场又是中国的竞争对手。当前发达国家相对较好而发展中国家相对羸弱的经济格局，有利于中国在出口恢复和国际经贸关系中处于更好的位置。

内需方面，国内市场远未饱和，新型工业化、信息化、城镇化和农业现代化向纵深推进，大量投资将发挥"稳增长"的关键作用；在居民收入提高和政策鼓励下，住房、汽车、耐用消费品、旅游等多个传统消费领域出现广阔的市场空间，推动消费不断升级；随着人口老龄化、主要劳动人群更替和社会消费观念变化，养老、教育、消费金融、电子商务领域成为新兴消费热点，消费对拉动经济的影响继续提升。

伴随近年经济总量扩张，中国经济发展对原材料、能源等基础资源的需求大幅上升，并对外部资源形成依赖。全球金融危机之前，原材料、能源价格高速攀升，对国内众多企业生产成本形成直接冲击，并成为整个经济增长掣肘；金融危机后，由于世界范围内需求萎缩，基础资源重新定价，成本显著下降；同时，随着国内资源产出增加以及新能源开发、节能减排、资源综合利用的深度推进，短期内经济增长的资源约束趋缓，为中国经济的中长期发展提供了重要的历史机遇。

四、深刻理解投资的战略地位，防止"悬崖式"的调控

固定资产投资一直是我国经济增长最重要的助推动力量，2010年以来对GDP增长的贡献在"三驾马车"中占比一直保持在50%上下。在目前国际经济缓慢复苏、经济增长的内生动力偏弱的背景下，中国经济增长想要稳定在合理区间，仍然需要适当规模的投资强度，对投资驱动力既不可过度依赖，但也不能盲目"去投资化"。应在逐步淘汰落后产能的基础上，对投资结构进一步优化，将投资增速稳定在20%～25%左右，避免投资增速出现"悬崖式"跌落。

从我国目前的实际情况来看，仍然存在严重的基础设施不足问题。基础设施投资在国际上也成为经济增长战略的重要部分。美国近年来多次提到要建立基础设施银行；2013年欧盟委员会通过了《绿色基础设施：提高欧洲的自然资本》的新战略；2013年日本提出"新增长战略"，计划未来10年内将公共设施投资增加50%。麦肯锡预计，全球基础设施投资在未来18年间要达到57万亿美元，中国仍将是全球最大的基础设施投资国。但历史经验也告诉我们，在投资发挥战略支撑作用时期，必须把握好政府与市场的关系，确立市场在资源配置方面的决定性地位。一方面利用市场机制在淘汰落后产能过程中，倒逼相关企业尽快适应，主动推动企业转型升级；另一方面，转变政府职能，进一步下放行政审批权，降低政府对投资的主导作用，调动民营资本投资，尤其是要放开一些行业限制，引导民间资本进入，激励民间资本活力。还要防止短期内在某一领域集中、

过度投资，形成投资的低效和浪费。政府部门应将有限的资金投向那些有利于实现可持续增长、对经济拉动作用更为持久的基础领域和民生领域，重视引导非政府部门的投资方向，与政府投资形成互补。投资调控政策的重点要向支持科技创新和成果转化应用、支持产业转型升级、激发民营经济活力、推进城镇化建设和区域协同发展等倾斜。

第一，支持科技创新和成果转化应用。科技创新是解决经济发展诸多瓶颈的关键，应该将推进重大科技创新和成果转化应用作为投资政策的重点，政府和企业都应加大科技研发投入，实现科技成果尽快投产，提升现有产业的技术水平，并催生新产业形成与发展，充分发挥"科技红利"对经济增长的贡献。参考美国奥巴马政府的做法——其在第一个预算方案中，将国家科学基金会、能源部科技办公室等重要机构的研究费用翻了一番，向企业技术研发提供税收减免740亿美元，并计划未来10年将基础研究资助翻一番。这些措施虽然不像基建投资项目那样直接带动GDP，但是保障了美国支柱产业（信息技术、高端制造、农业、医药、军工等）的长期核心竞争力，促使若干新兴产业领域（页岩气、3D打印、新移动网络和移动媒体、环保设施、电动和无人驾驶汽车等）的产生。

第二，支持产业转型升级。发挥中国产业的后发优势，向发达国家借鉴吸收一流生产技术、服务和管理经验，并努力培养自主创新能力，提升产业发展水平。农业方面，推广现代化设施、工具和运营方式，加快发展现代农业，促进农业增产和农民增收。工业方面，积极推广信息化和流程优化管理，升级生产设备技术，提高生产率和资源利用率，减少低水平建设，引导淘汰落后产能，引导生产力的科学布局和产能的有序转移，大力发展节能环保产业，推广节能减排技术。金融服务业方面，应加快金融结构调整，提升金融服务实体经济的能力，重点发展直接融资、风险投资、战略投资等融资模式。

第三，激发民营投资活力。进一步完善民间投资政策措施，引导民间投资进入基础产业和支柱行业等领域，最大限度放开准入限制。继续强化对民营企业、小微企业的扶持，进一步明确财政金融政策。引导民营企业做优做强，形成品牌优势，培养核心企业，以大企业带动关联企业形成更有竞争力的产业集群。

第四，稳步推进城镇化和区域协同发展。以城市群建设投资为重心，促进大中小城市和小城镇合理分工、协同发展。围绕推进新型城镇化战略部署，合理安排国家投资方向，提升城市基础设施建设和管理水平，提高城市综合承载能力，保障城市运行安全，改善城市人居生态环境。引导投资和其他资源在土地综合整治、安置房建设、新城区建设、城镇棚户区和旧厂房改造、产业园区建设以及各类公共基础设施建设（交通、通信、水电煤暖）等领域的合理配置。

五、明确中国经济在全球市场中的定位，更加重视出口对经济增长的贡献

从历史和现实的角度看，在走向经济强国的过程中必须要高度重视出口，即使是最发达的经济体也需要靠出口来拉动本国经济增长。以德国为例，2011年以来出口在其GDP增长中的贡献十分突出。（见图7）

图7：分项指标对德国GDP增速贡献（%）

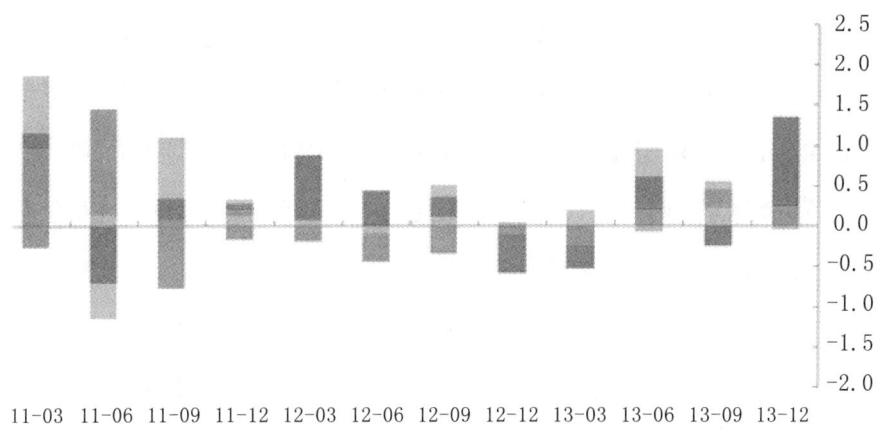

无论是过去30年还是今后20年，中国经济发展都需要充分利用国内、国外两个市场来优化资源配置。因此，当前必须继续高度重视出口对经济增长的拉动作用。随着欧美等主要发达经济体市场复苏，我国出口也应该逐步走出谷底，但最近公布的数据显示：2014年一季度，我国出口同比下降3.4%，远低于去年同期18.4%和全年7.9%的增速。尽管有美国恶劣天气、去年同期虚假贸易高基数等客观因素，但我们还是应该看到我国出口形势中的隐患：2013年起欧美经济处于持续复苏通道，但我国对主要贸易伙伴的出口增速仍普遍呈现出下降态势，意味着外部经济复苏对我国出口的拉动作用在弱化；我国出口增长较快的产品仍集中于原材料、轻工业品等附加值较低的产品，出口商品结构亟须优化。

充分重视出口对经济的支撑作用，积极调整出口战略。在继续发挥并加强全球制造中心作用的同时，逐步扮演全球市场大国的角色。在全球市场上进行战略平衡安排，进一步完善国际市场布局，加强与非洲、拉美等新兴经济体的合作，适当降低对美国和日本的依赖。积极参与美国主导的贸易规则谈判，最大限度地双向开放非敏感市场，促进贸易与投资增长。调整出口结构，取消劳动密集型产品、高耗能和高污染产品出口扶植政策，加大对机械电子产品和新材料的出口扶植力度，采取措施将国内经济建设优势转变成国际合作和市场竞争优势，发挥领先全球的基本建设能力，释放国内过剩产能。扩大双边经济贸易合作，尤其是中国与周边国家的双边贸易合作，实施差别化区域经济战略。积极推行商务外交战略，更积极地参与全球经济贸易规则的制定，变产能过剩的国内发展困境为全球竞争优势。在汇率方面，打破不符合经济规律的单边升值预期，在扩大人民币兑美元交易价浮动幅度的基础上，继续完善人民币汇率中间价形成机制。

六、国民消费亟待升级，消费政策应进一步清晰

消费模式对社会经济可持续发展具有深远影响。

受收入水平、消费文化、贫富差距、社会保障体系等因素影响，我国居民不仅消费率较低，而且消费层次更低，并同步伴随着畸形消费；相对于发达国家，我国公款消费在财政支出和公司成本中的占比较高，不仅挤占了财政支出中本应该提供给居民的公共服务空间，也带来了中国消费市场"未富先奢侈"的畸形发展，并对居民消费形成了一定的挤出效应；消费浪费虽然也可以拉动 GDP，但无法提供经济发展的持续动力——消费提升的人力资本。

第一，大力发展教育消费。随着中国经济、社会发展，产业界对劳动者素质、能力的要求不断提高，公民群体也自发产生了丰富阅历、开阔视野、增强个人素养的深造需求，由此催

生大量潜在的教育消费需求。教育消费政策的重点不应是扩充基础教育、高等教育附带的收费服务（如中小学的课外课程），而是重点面向有收入人群提供职业教育、文化和技能培训，引导主动消费，确保消费的质量和体验。引导教育消费的目的不仅仅是创造消费需求，更重要的是通过提高人群素质、能力，提高劳动生产率，进一步促进经济持续发展。

第二，大力发展养老产业。人口老龄化是当前中国社会的重要特征，与养老相关的消费内容广泛，潜力巨大。养老消费政策的重点可包括：引导建立养老服务社会化体系；针对居家养老的普遍情况，促进社区医疗、陪伴、护理、家政、送餐服务体系的建立；推进集中养老机构的建设，提高养老机构服务的专业性，加快对专业养老服务人员队伍的培养建设；引导金融机构创新与养老相关的保险、投资、资金计划等金融服务安排。

第三，大力发展医疗事业。"就医难"问题从侧面反映了医疗产业需求与供给间的巨大矛盾。社会医疗相关消费（就医、买药、保健、购买医疗设备、配套医护服务等）空间广阔，随着老龄化社会的到来和居民对健康标准的提升，这一消费也随之快速增长。医疗消费政策的重点可包括：完善医疗保险体制，扩大医保覆盖范围，创新补充医疗保险模式，解除居民就医的后顾之忧；完善基本药物制度，试行医药分开，确保一般疾病用药价格能为多数居民接受；继续扩充医院建设和医务人员队伍建设，允许更多民营医院投入运营；推广医院集团化管理模式，引导优质医疗资源惠济百姓；加强对医务人员的道德教育和专业培养，建立缓解医患矛盾的机制，不断提升医疗服务的水平。

第四，鼓励完善电商、物流、信息服务，培养新兴消费市场。随着互联网基础设施完备和网络技能、文化的传播，与网络信息密切相关的消费呈现快速发展势头。特别是随着近年虚拟信息环境与市场实体产品、物流服务密切结合，形成新的批发零售业态。伴随消费者群体的快速膨胀，新业态可能取代传统实体卖场等业态，成为实现消费的主要渠道。为此，有必要通过消费政策引导电商产业继续快速发展，并加强对电商等虚拟经济商户、物流和信息服务等配套商户的科学管制，提高从业人员诚信水平和执业能力，丰富产品服务内容，确保产品服务质量，促进居民放心消费。同时，将信息消费上升到战略高度。随着移动互联、第四代移动通信技术普及、大数据技术的发展，信息对社会呈现全方面影响，例如企业利用信息技术发现新市场，个人信息消费在重塑生活行为、增强国民素质方面发挥了前所未有的作用。国家已经将信息消费上升为国家战略，我们应积极培育信息消费市场，在新一轮国际竞争中保持领先优势。

第三篇
国有企业与混合所有制

经济体制改革潮下企业的机遇和挑战

高尚全

高尚全

高级经济师。中国经济体制改革研究会会长，中国企业改革与发展研究会会长，中国经济改革研究基金会理事长，中国(海南)改革发展研究院院长；中国人民政治协商会议第九届全国政协委员、经济委员会委员；联合国发展政策委员会委员；北京大学、上海交通大学兼职教授、博士生导师，浙江大学管理学院名誉院长、教授。

市场起决定作用是一大突破

十八届三中全会提出"使市场在配置资源当中起决定性作用",回归了市场经济的规律。市场经济的本质是什么?所谓市场经济就是市场配置资源,而不是政府宏观调控。从基础性作用到决定性作用,这是历史的重大演变。

市场决定资源配置是市场经济的一般规律,市场经济本质上由市场决定资源配置的经济。

在此基础上,怎样推进下一步改革呢?从目标导向看:2020年要实现建成小康社会,到2049年新中国成立100周年的时候,要建立现代化的国家。要实现这两个百年梦想,要实现中华民族的伟大复兴,都需要使市场在配置资源中起决定性作用。这之前有人批判市场化改革是资本主义的,不是社会主义的,好像每句话加上"社会主义"才是社会主义。而这次三中全会让市场起决定性作用的表述,不仅有利于短期改革,也有利于长期改革,对我们取得共识也有重大作用。这样的表述过去是没有过的，无疑是一个创新和突破。

有效市场与有为政府需有机结合

市场的作用和政府的作用要做到有机结合，互相协调，互相促进。过去计划经济是排除市场的作用，现在是市场发挥决定性作用，但也不能排除政府的作用。因此，有效的市场必须要有有为的政府，这就需要政府转变职能。

如何成为有为的政府？需要三大创新：

1．政府是创造环境的主体，企业是创造财富的主体。政府要支持企业、支持市场去创造财富，营造适合企业、适合市场创造财富的环境，而不是去代替市场。

2．凡是法律不禁止的，市场、企业都可以进入。过去凡事都要政府批准才能干，政府不批准属于非法。这样就抑制了创新，失去了创新的空间。政府不禁止的，市场和企业都可以进入，即负面清单。比如，上海自贸区就是要实行负面清单，凡是不禁止的都可以进入，这也是重大创新。

3．政府只能做法律规定的事情，法律不规定的事情政府不能干，因此要做有限政府，不做无限政府。政府职能要转变，要建设服务型政府。

"十三五"规划重点之一是经济转型

国家"十三五"规划的一个重点是经济转型。为什么要把经济转型作为重点？

经济发展方式的转变难度很大，35年来，我国有几大转型：

1. 从阶级斗争为纲转向经济建设为中心；

2. 从计划经济转向市场经济；

3. 从封建半封建转向全方位开放；

4. 从能式转向方式。

这四个方面的转变非常了不起。

从经济角度说经济转型、经济结构的转型、生产方式的转变，任务非常艰巨，我们在第五个五年计划的时候，就提出经济增长方式要转变，"九五"到现在，"十五""十一五""十二五"，15年过去了，为什么转变滞后？就是因为改革没有跟上。因此，经济转型、结构调整、生产方式转变是"十三五"的一个重点。

具体的经济转型有三个：要从工业主导型的经济转向服务为主导的经济；要由要素主导的经济转向创新主导的经济；要由投资主导的经济转向消费主导的经济。这三个转型非常重要，特别是从投资为主导转向创新为主导，这要迈出重大的一步，因为过去我们靠投资、外贸拉动经济，这"两驾马车"的潜力已经不大，现在的潜力在科技创新。这应当是"十三五"的步伐。

全面深化改革是五位一体的改变

新时期改革的特点是全面性。

全面深化改革与过去不一样，它是经济体制改革、政治体制改革、文化体制改革、社会体制改革、生态文明体制改革五位一体的改变。

全面深化改革，要有一个总体部署，需要有突破口。突破口按照问题导向来看，现在中国影响到党和国家发展的就是土改问题，土改问题的突破口就是建立干部财产公示制度，国外是一个常态，我国难度比较大，因为基层利益的阻挠，所以要突破。

考虑到改革的复杂性、艰巨性增加，阻力增加了，仅靠恢复体改委，不能解决问题，因此，成立中央全面深化改革领导小组，全面深化改革就有了机构保障，这也是一大突破点。

打破垄断，完善企业治理结构

以前，不同所有制国家给的是不同的政策，使得民营企业和国有企业在两条国道上运行，互不联系，也不能互相促进。而现在的混合所有制经济，是你中有我、我中有你，民营企业和国有企业互相促进，两条国道变成了一条国道，都为社会主义现代化服务。

不过，这其中也存在一些问题，比如国资不愿意放、民资不愿意进。这个问题要解决，混合所有制不能为混而混，它的内涵、目的、路径都要弄清楚。

我认为，中央提出的混合所有制有两个重点：

一、打破垄断，吸引社会资本进入。现代化光靠国有是不行的，要靠全社会的资本，靠国有和民有才行。

民营企业和国有企业混合后，可以达到优势互补的效果。国有的有资金的优势、人才的优势，民有的有体制的优势、机制的优势。

过去有一个故事，1956年，上海天气很热，那时候没有空调，只有鼓风机，企业要买鼓风机，却没有自主权，要七个部门审批后才能申请到，等真的敲定下来，夏天也已经过去了。这就是没有灵活性的表现。而现在的民营经济拥有这样灵活的机制。

二、完善企业的治理机制和治理结构。以前不少企业是一国独大,董事长说了算,现在,通过混合所有制,不同所有制的代表参加董事会,董事会从本来的一种声音,发展到现在的多种声音,而董事会里的多种声音可以改善企业的治理结构,对企业发展具有重要的意义。

国企的出路是民营化

张维迎

张维迎

现为北京大学光华管理学院副院长、经济学教授，北京大学网络经济研究中心主任和北京大学工商管理研究所所长。20世纪80年代曾在国家体改委工作，是国内最早提出并系统论证双轨制价格改革思路的学者。

所有制不重要的观点是错的

有观点认为,重要的不是所有制,而是公司治理结构;只要有完善的公司治理结构,国有企业完全可以像私有企业一样有效率。我们要回答的问题是:国有企业能建立一个好的公司治理结构吗?答案是否定的。

公司治理结构是私有制基础发展出来的一整套有关企业利益相关者之间处理权利和责任的行为准则,它是个人契约的产物。国有企业是政府强力施加的一种制度,不是个人契约的产物。国有企业改革通常从模仿市场经济中公司治理结构开始,也就是所谓"所有权与经营权分离"开始,在中国就是"扩大企业自主权"开始。

有人认为,私有制企业已发展到了"所有权与经营权"分离,企业的日常决策由职业经理人负责,股东并不介入企业的日常运营,说明所有权不重要了。既然私有企业可以通过公司治理解决代理人问题,为什么国有企业不可以用同样的方式解决代理人问题呢？因此，重要的不是所有制，而是公司治理结构；只要有完善的公司治理结构，国有企业完全可以像私有企业一样有效率。这种观点实际上主导了2003年后的中国国有企业的改革，国资委自成立以来的工作重点就是完善国有企业的公司治理结构。据说，这项工作已经取得了巨大的成就。

我们要回答的问题是：国有企业能建立一个好的公司治理结构吗？答案是否定的。

官员选不出具有企业家素质的国企领导人

国家如同任何一个组织一样，是一个虚拟的存在，本身没有自己的利益，也没有决策能力。国家的决策必须由活生生的人来行使。具体来说，只能由代表国家的政治家和政府官员行使。他们不可能有好的积极性选择真正具有企业家素质的企业领导人，也不可能像真正的股东那样激励和约束国企领导人。

要理解这一点，首先要理解我们为什么需要企业。简单地说，我们需要企业，是因为人口中有一些具有企业家素质的人，这些人比普通人对赢利机会更敏感，更富有想象力，对未来的判断更准确，做事更果断，他们也更具有创新精神和承担风险的勇气。因此，由这些人决定生产什么、如何生产以及为谁生产，比让每个人自己做类似的决策更有效率。想象一下，如果一个企业不是由具有企业家素质的人领导会是什么结果？

说到底，公司治理的目的就是使得企业能更有效地创造价值，这些价值是所有利益相关者的收入来源，也是消费者幸福的源泉。公司治理有两个基本功能：一是选拔具有企业家素质的人领导企业；二是激励和监督企业领导人更好地创造价值。

在私有企业中，这两个功能主要是由"股东"承担的。尽管由于信息不对称的原因，选择和监督企业领导人是一件不容易的事，但股东作为企业所有者是有积极性做好这两件事的（至少大股东如此），因为如果企业领导人不具有企业家素质或没有积极性创造价值，股东将是遭受损失的第一人。公司治理实践中存在的诸如股东大会、董事会、独立董事、股票期权、业绩奖金、股票交易、公司并购、诚信义务等，本质上都是为了这两个目的。尽管实际生活中，有些小股东搭便车逃避监督责任，有些大股东也意气用事，企业领导人也会以权谋私或偷懒，但私有企业的公司治理结构基本上是有效的，否则，在没有强权的情况下，有哪个理性人会投资企业？公司制度何以能持续存在？

国有企业不能建立有效的公司治理结构最根本的原因是，国有企业的"所有者"是国家，不是个人。国家如同任何一个组织一样，是一个虚拟的存在，本身没有自己的利益，也没有决策能力。国家的决策必须由活生生的人来行使。具体来说，只能由代表国家的政治家和政府官员行使。这些政治家和官员作为国家的代理人，权力和责任更不对称。在选拔和监督国有企业领导人时，他们可以有私有企业股东的权利，但他们不可能承担私有企业股东的责任，因为他们并不会因为企业亏损而遭受个人财产损失，也不会因为企业赢利而增加自己的合法收入，因此，他们充其量只能算作是"虚拟股东"。由于这个原因，他们不可能有好的积极性选择真正具有企业家素质的企业领导人，他们也不可能像真正的股东那样激励和约束国企领导人。

国企领导人的选择基于个人关系和政治上的效忠

中国的实践与我们的理论预测完全一致。国有企业领导人的选择更多的是基于个人关系和政治上的效忠,而不是企业家素质和业绩。在位企业领导人的职位安全性也与企业真实业绩没有多大关系,他们保持自己职位的最好方式是把企业维持在不死不活的状态,因为企业赢利太好会吸引有特殊关系的竞争对手抢占自己的职位。由于这个原因,他们通常会竭泽而渔,为短期利润损害企业的长期发展。尽管有些国有企业表现出很好的账面赢利,但这种利润通常是特权所产生的会计利润而不是企业家精神创造的经济利润。

各级国资委把完善公司治理结构作为自己工作的中心任务,他们为此发了很多文件,召开了无数会议,举办了很多培训班。从形式上看,他们的目的达到了:绝大部分国有企业有了自己的董事会和监事会;董事会有各种各样的专门委员会(如战略委员会、薪酬委员会、审计委员会、风险控制委员会等);有外部独立董事(甚至由外籍人士担任),董事还都参加了强制的任职资格培训;董事会也基本能定期开董事会(一般是每季度一次)。但实际情况怎样呢?按照公司法规定,董事长和总经理(或CEO)由董事会任命,但事实上他们都是由党的组织部门任命,公司副职一般也是由国资委任命,董事会根本无权过问。许多担任国有企业或国有控股企业的外部董事都有这样的经历:他们是从报纸上得知自己所任职公司的领导人的任免消息。薪酬委员会可以讨论薪酬问题,但并没有决策权。由于董事长和总经理的工资上限是政府规定,公司副职的薪酬一般不能高于正职,所以经常出现管理班子十几人拿相同工资的情况。更为可笑的是，由于一些中层管理人员要从市场上招聘，他们的工资高于高层管理者的工资，形成所谓的"工资倒挂"。这能是一个良性的公司治理结构吗？

值得一提的是，今天，由于竞争和激励的需要，国有企业管理层的工资大大高于政府官员的工资水平。结果是，董事职位变成了官员退休前的福利，一些在仕途上没有进一步升迁希望的官员在退休之前被安插在国有企业董事会。他们乐意接受这种安排的唯一原因是可以拿高工资。

在马背上画道道并不能把马变成斑马

假使通过治理结构的改善，国有企业在所有方面可以像私有企业那样有效运行，民营化不是更简单、更直接的方式吗？为什么要用一个复杂的方式解决简单的问题呢？

总之，无论从理论上讲还是从实践来看，国有企业不可能建立真正有效的公司治理结构。在马背上画道道并不能把马变成斑马。一些认为公司治理结构可以代替所有制改革的学者喜欢用新加坡国有企业的例子说事，他们忽略了人口规模和国有企业数量的重要性。简单地说，如果一个国家由一个人组成，私有和国有没有任何区别；如果一个国家只能有少数几个国有企业，他们的治理也许不会成为严重的问题。中国有13亿人，中国政府是13亿人的政府，中国的国有企业数以万计，中国国有企业的问题绝不是新加坡国有企业的问题。退一步讲，假使通过治理结构的改善，国有企业在所有方面可以像私有企业那样有效运行，民营化不是更简单、更直接的方式吗？为什么要用一个复杂的方式解决简单的问题呢？

国企改革必须依靠产权改革这把总钥匙

张文魁

张文魁

国务院发展研究中心企业研究所副所长、研究员。学术主张取消国有企业，搞私有化，搞混和经济。

混合所有制是产权改革一大方向

国企改革在整个深化经济体制改革的系统工程当中处于核心位置，我们深化经济体制改革的目标是什么？是建立完善的市场经济体制，让市场发挥决定性作用，并且更好地发挥政府作用。国有企业的症结正好是企业和政府关系没理顺，如果这个关系不理顺，市场没有办法发挥决定性作用。

国企改革的难点一是产权改革能不能得到广泛的认同，二是计划经济留下的遗产能不能得到比较干净的处理。

现在国企改革进行了30多年，绕来绕去，肉都吃了，就剩下产权改革这块骨头，我们要不要去啃这块硬骨头。产权改革的一个大方向就是混合所有制，这是中央已经明确的内容。

国企改革，无非就是三条路：第一条就是继续国有100%的股权格局，第二条就是类似历史上已经出现过的直接出售中小型国有企业股权，第三条就是混合所有制。从当前可接受的角度，针对大型和特大型国有企业的改革都不可能做到像中小企业那样直接出售,但又不得不进行产权改革,因此要找到一条中间道路,也就是混合所有制。

应该说,混合所有制能在一定程度上实现股权重组,改变一股独占或一股独大的局面。

产权改革是整个国有企业改革的一把总钥匙,没有这把钥匙什么锁也打不开。就拿国有企业薪酬改革来说,这个改革已经进行二三十年了,如果难度不大的话,早就改过来了,但是产权进行改革后,它会变得很容易。

另一个就是分红问题。如果产权改革完成之后,既有国有股东也有非国有股东,涉及分红问题,国有股东和非国有股东都有分红的权利。如果觉得这个企业有很好的发展前景,利润不急着分红,把利润再投入比分红拿走更划算,我们就不用分红;如果觉得行业很平稳,利润拿走最划算,那就可以现金分红50%,董事会、股东会就把这个问题解决了,何必要国家的硬性规定呢?

怎样让民企认同

国企改革的另一相关方是民营企业,现在民企认不认同这个混合所有制是个问题,如果他们不认,就很麻烦。怎么让他们认呢?最根本的问题还是产权,就是民企的产权能不能得到真正保护。民企最担心什么,就是人家被叫进来,但是股东该有的权益得不到保护。因此,国资国企改革还需要很多配套内容,最根本的一点就是我们是不是要依法治国。从这个角度来说,十八届四中全会将要讨论的依法治国非常值得关注。

经济领域也有很多事情可以做,很多行业和企业不一定需要国有控股，把控制权让出来，民企的动力就会提高，例如中石化说拿出销售板块的30%来让民营和非国有入股，假如这30%分散给好几个股东，民营企业的占比还是太低。因此，不能在一开始就有意识地去分散民营股东的股份。

我们需要改革的国有企业大多不是像中石油、中石化这样的巨无霸，大部分都是民营企业能够承受的。很多行业，国有控股权甚至可以一步到位让给民营企业，国有股比降到50%以下、民营股比升到50%以上，都是可以实现的。

在一些敏感行业不可行，那就可以不搞，但至少可以搞的很多很多，我们不能因为某些行业不能搞，就说整个国企改革不能搞。

当前有些企业态度不够端正，没有给民间资本以足够的信心。有的企业只是想借混改圈钱：一是圈参加混改的民营企业的钱，就是我们说的把他们当提款机；二是到证券市场圈股民的钱。

要防止这种状况出现，必须建立完善的公司治理制度，真正让股东会和董事会发生作用。出资人的权利应该仅限于行使股权的权利，也就是投票权，比如选聘高管的权利，就应该由董事会来决定。做到这些，提高民营企业的控股比例，有效保护他们的权益肯定是前提。

消除民企顾虑很重要，其实国资国企改革对于很多民企来说也是一个新机会。我相信国企现在有二三十万亿元的国有股价值，这里面有一些废铜烂铁，其中也包含一些金矿，民营企业在吃透国家政策和掌握相关法律的基础上可以积极参与国资国企改革，借这个机会使自己的企业发展上一个新台阶。

风险如何控制

经济增长已从高速向中高速过渡,现实当中看到的经济增速下行压力还比较大。从表象来分析,"大马"投资也不行了,"中马"消费也不振了,"小马"出口已经疲软了,我们更应该看一看我们整个经济增长的驱动力在什么地方。

从改革开放以来已经看得非常清楚了。增长的驱动力来自于非国有部门的创造力和不竭活力。现在非国有部门占了很大比重,但国有部门过去几年基本上仍旧在固守一些堡垒,没有进一步改革,而且这个堡垒都是国民经济当中一些最重要的部门、最关键的部门。

这些部门对别的部门发展有很强的制约作用。依我来看,现在经济增长下行的主要原因是来自于国有企业、国有部门对经济增长的拖累。

如果让市场发挥决定性作用,就一定要有优胜劣汰,你现在能活下去就活。不管是国企还是民企,只要活不下去,就应该关闭破产,但是现在的事实是什么呢?国有企业长期亏损,政府在给他们输血。

中国企业特别是国有企业,过去很长一段时间一直在高速增长的背景下经营,形成依赖要素投入和低成本的粗放式发展模式,高速发展环境消后,就暴露出很大问题。我们现在需要转变这种模式,往产业链和价值链的高端移动,有这种能力和意愿的企业应该获得更多资源,但有些企业却受到了不应有的保护,这就影响了经济升级版的打造。

有人说,改革必然会有风险,国企改革牵扯到大量资产和劳动力的再分配，这些风险可控么？

关于风险控制问题，破产不完全意味着倒闭，破产还可以重组，有很多大企业经营不下去，可以进行重组，可以大规模裁员，清理非核心业务和资产。而裁员会影响就业问题，这应该是市场经济的一个常态。诺基亚竞争力下降，就进行了大规模裁员，这是新陈代谢，败下阵来，不重组裁员，其实会消耗更多社会的血液，活得健康的人血液就不够，劣不汰何以优胜呢，经济升级版怎么去打造呢？

我们在小风险和大风险之间要做出选择，如果小风险不暴露出来，最后酿成大风险时，就会变得不可收拾。

如果不解决这些问题，那么我们的增长要么仍处于疲弱状态，要么就只能靠货币超发和信贷泡沫，以及过度投资来再次回到粗放的、扭曲的、失衡的发展道路，以后的"后遗症"会更大。

国企改革应该尽快推进。如果国家治理的改革以及国企改革，不能在这两年向前迈出坚实步伐，我们经济社会当中很多矛盾不但不能消除，还会进一步积累。我们下一步的发展由此会背上一个沉重的包袱，也会引发很多不稳定、不安定的情况。况且，改革是渐进的，而不是突然发生的，不能过度夸大风险。

维护垄断，国企会烂得更快

盛洪

盛洪

  1954年12月生于北京。现任北京天则经济研究所所长，山东大学经济研究院教授。专著《分工与交易》是制度经济学的研究方法在中国的成功尝试之一；其他著作有《治大国若烹小鲜》《中国的过渡经济学》《寻求改革的稳定形式》等。此外，他还著有随笔集《经济学精神》和《在传统的边际上创新》等，另有上百篇研究成果分别发表在各种学术刊物上。

十八届三中全会后，人们对国有企业改革呼声再次高涨。一方面，十八届三中全会《决定》中提到的发展混合所有制经济，让人们对打破国企垄断更加期待。而诸多问题也摆在了人们面前，比如，国企改革无法向前推动的原因是什么？国企角色如何定位？国企是否应该私有化？发展混合所有制经济会有怎样的动力和阻力？我认为，如维护垄断，国企会烂得更快。

很多有利国企的政策是非法的

在国企改革的几十年进程中，遭遇到很多困难，尤其最近几年中几乎陷入停滞。国企改革无法向前推动的原因在哪里？

在21世纪以后，逐渐形成了国企管理层利益集团，这个利益集团在国企名义下，推动了很多有利于国企的政策出台和实施，这些政策的出台在我看来是非法的。因为这是涉及国有资产，涉及全国人民利益的非常重大的决定，这个决定不是相关政府部门就有权力做出的。比如说1993年关于分税制改革文件里谈到的,一些老国企微利甚至亏损,作为过渡措施,可以不交利润。其实这是一个非常重大的问题,交不交利润根本不能由国务院来做决定,国务院相当于管理层,按照公司来比喻,管理层说我不可以交利润就不交利润了吗?股东还没说话呢。而且这个决定本来是错的,你没利润当然就不交了,有利润你就要交。因为它是微利和亏损,可以暂不交利润,这个话就有很大漏洞。任何一个公司都一样,没有利润怎么交?但是交利润也是它的义务。

还有一个决定,是当时国家经贸委牵头的几个部委搞的文件。这个文件说的是国有企业的工资、奖金可以自主决定。这其实也是非常重大的问题。因为工资奖金是和利润相对立的,假如由管理层来决定工资、奖金发放的话,他就可以不考虑利润了,因为利润对他来讲没有直接的利益,而利润按理论上来讲是全国人民的。

所以很简单,这两个非常重要的决定是没有经过正当程序推出的,但是就实施了。实施以后,你可以想象,假如可以不交利润,同时工资奖金是由企业管理层自己来决定,这个国企会做出什么样的决定呢?很简单,他就把所有的国企收入看成是自己的利益了。这就会形成一个利益集团,在它的推动下就出现了很多有利于国企的政策,包括获得垄断权力的政策。

我们知道比较多的是比如"三桶油"的垄断权,它是由一个叫作"38号文件"(编者注:《关于清理整顿小炼油厂和规范原油成品油流通秩序的意见》国办发[1999]38号)来规定的,而且"38号文件"是国务院办公厅转发的国家经贸委等几个部委的一个"意见"。在法治国家这是不能被接受的,国务院办公厅相当于一个企业的经理办公室,它就可以发文件说我们授予我们企业内的某个人某种特权，这是不行的。在中国，国企股东就是全体人民，它没有经过全体人民的同意。

国企每年白占全国人民数万亿利益

一些有利于国企管理层的政策，使他们从中获得巨大的利益，利益有多少呢？前几年宋晓梧作过一次研究，是关于垄断产业平均工资跟全社会平均工资的比较，结论上大致是7倍于平均工资。这个7倍在任何一个社会都是令人震惊的，因为差距顶多百分之几十。而7倍就是，你挣1万块钱，他挣7万块钱；你挣10万，他挣70万。这样把社会分成了非常不同的集团，他们当然从中获得了利益。而且由于是以权力来决定分配，在国企内部肯定也是不公平的，所以更倾向于那些管理层，因为管理层是有权力的，所以他们拿到的更多。

这个利益非常大，从另一个角度去描述，我说国企就是白白地占有了全国人民的利益，每年是数万亿。我们有三个研究，分别是《国有企业的性质、表现和改革》《中国行政性垄断的原因、行为与破除》，以及《中国原油与成品油市场放开的理论研究与改革方案》，其中都有大量定量的研究和给出的数据，大致可以划分成几块：

一块就是地租。现在国有企业似乎理所当然地占有了国有土地。你要知道土地是有价值的，占有土地是要付成本的，但是它没有付。有很多大的国企集团直接就完全白白占有了。还有一些上市公司，他们有的可能表面上会支付一些地租，但是给的是集团公司，集团公司并不把这些地租上交，集团公司在吃地租。

另一种形式是上市公司把土地资产作为一种不确定资产，它没有所有权，只有使用权，但是使用年限又不确定，不确定的资产它估值为零。你要看所有国企的报表，里面是没有地租成本的，资产中其实也不包含土地价值。这个有多少呢？连工业带商业，至少每年1.5万亿元，这是非常大的。这个1.5万亿，换句话说，如果中国人民把国企土地收回来，再把它租出去，1.5万亿是没有问题的。现在国企每年的利润不到1.5万亿，它其实是吃了地租的，没有利润。

再有一块是用非常优惠的利率拿到贷款。当然，它拿到贷款以后可能会去转手借给别人，吃利息差，这个情况非常普遍，我们也知道。这也有几千亿。

还有一块是资源租金。比如石油，按照国际惯例和中国的石油合资条例，比较稳妥的说法是它应该支付矿区使用费，在中国大概约等于价格的1/10，比如是100美元一桶的话，那就是600多元人民币一桶，再乘以7就是4200元/吨，10%就是420元。它现在给多少钱呢？30块钱/吨，平均下来可能还不到30块钱，其实等于它每吨都占了中国人民几百块钱的便宜。一年2亿吨，这是能算出来的，有上千亿元。还有其他垄断所得，特别是价格，比如说成品油的价格，按同等品质来估计，不能按现在你看到的价格，为什么？因为中国的成品油的质量偏低，中国的标准叫作国III，现在欧洲叫作欧V标准，差距很大，北京、上海、广州大概是欧IV。当然我们拉平的话，我们估计过，价格要高于其他主要国家的油价的31%，当然是所谓的税前价格，因为很多国家是有很高的燃油税，好像比我们贵，实际上我们看的是税前，我们要剥离表象。当然加上其他很多垄断和特权所得，一年数万亿，这是巨大的利益。

这个群体占了中国人民的便宜，打着国有企业的旗号，实际上获得巨大利益，这些人怎么能放弃这样的利益呢？他还在不断宣称他占有这个利益是正当的，在我看来是不正当的，这就是国企改革为什么难的非常重要的原因。

为什么国企就更忠诚于国家呢？

关于国企的角色，比如什么样的领域国企可以参与，或者说哪些领域最好是由国企参与。很多人认为战略性领域或者涉及国家安全的领域，还应该是国企来做，有些领域应该放开让民企或者国企民企一起竞争。对国企的角色定位，我们在《国有企业的性质、表现与改革》中已经谈到。它的定位实际非常窄，凡是私人物品领域，即有排他性、竞争性的领域，说白了就是可以通过市场进行运作的领域，都不需要国企来运营，换句话说叫作营利性领域都不需要。营利性领域有多宽呢？非常宽，一般的产业就不说了，包括垄断性的产业也是营利性的，像铁路、公路，公共事业比如自来水、管道燃气都可以营利，但是它们只是有特定性质、有垄断性的，但却是可以营利的。

涉及国家安全的领域，其实也可以商业运作的。并不是说不可以商业性运作，这方面也可以是民营企业来做，不见得是国有企业来做。国家安全方面，只是需要有些限定，比如民营企业做，有一个特别大的问题就是该企业不能同时给其他国家做，或者说至少不能给敌国做，这是非常重要的一个事情；甚至只许给本国来做，这是可以限定的。不见得是国企，民企也一样。你接不接这个单子，比如美国波音公司接了一个美国国防部的单子，它说我同时给俄罗斯做，这肯定是不行的。因此，可以是民营企业来做，但是有些管制条件。还有一个理由是怕泄密。绝大多数的军工产品没有什么太多秘密，如果有核心秘密，可以对涉及这个核心秘密的企业甚至车间进行某种特殊管制。

在我看来，这些地方都不需要国企，而且很多国家的实践已经证明了这点。像美国，有很多军工企业并不是国企，国企是没有必要的，国家直接经营不见得一定好，为什么国企管理层就更忠诚于国家呢？这个是很奇怪的事情，其实我觉得这些人更不忠诚于国家，因为他白吃白喝这个国家。这是一个方面。

另一方面就是纯公共物品也不需国企做的，因为纯公共物品不需要企业来做，是政府来做的。我们认为国企的范围非常窄，准公共物品它可以来做。比如说，有些不太赢利的市政工程，民办企业可能不爱做，还有一些风险过大的高科技，甚至涉及军事高科技企业，民办企业可能也不做。城区的大规模开发，包括商业性的区域，也包括非商业性的区域，比如广场、绿地、桥梁，等等，它商业性不足，这些地方我觉得国企可以来做。其他一般的领域根本没有任何必要由国企做，现在国企有些人说"我们要做大做强"等，是存在问题的。

公有化才是万恶之源

关于国企是否应该私有化的问题，很多人认为私有化都是伴随腐败和国有资产流失，也有很多人是支持私有化的。私有化怎么会伴随腐败呢？私有化只有在公权力没有有效约束的条件下才会腐败。核心问题不在私有化，而是在公权力不受约束，就是你不是一个宪政国家，你的权力不受约束，这是最重要的。假如在权力被约束得非常严格的社会，你怎么去腐败？你刚有个单子照顾了你的朋友或者亲戚，立刻就有人去弹劾你，道理很简单。但是现在恰恰没有这一点。认为私有化伴随腐败这个逻辑是错误的，他不去抨击、批评权力不受约束，而是抨击私有化。实际上，公有化才是万恶之源。为什么？因为公有制是把大家的资产和大家的资源、财富放在一起了，这就立刻产生了一个问题，就是怎么能够更好地来使用这个资源，而使用者必定是具体的个人，具体个人就是一个经济人，他就有可能利用他被委托管理和使用的便利而去占全体人民的便宜，这才是问题的关键，这是核心问题。

所以公有制才是万恶之源就在于，到现在为止，全人类都没有解决这样的问题：我们把财富搁在一起委托一个人管理，这个其实是非常难的。所以你看丑闻不断，到哪儿都是这样。为什么？就是这个原因。但是我们为什么平白无故地把一堆财产放在一起？举个例子，所有人把自己家里的冰箱里的鱼放在一起，然后让猫看着，我们再考虑怎么去监督这只猫。你为什么不把鱼搁在自己家里的冰箱里呢？这个道理不是很简单么？

这个社会很蠢，公有制本来效率就不高，还非得要搞公有制，还要监督履行公共职务的这些人怎么去管理和使用我们的公共财产。我们现在又缺乏有效的监督，最聪明的做法是不搞公有制不就完了，把鱼都搁在各家的冰箱里，就没有监督猫不要吃鱼的问题。你现在是创造了一个问题，然后自己再去解决。这是非常大的问题。

当然了，公有制之所以是万恶之源就是中国这几十年的实践所证明的，它包括了很多东西。由于公有制最终要落实到具体的人来管理，而具体的人我们不能保证他是圣人。（实际上，）他是凡人，他利用他控制公共资源的这样一个便利，就可以从中牟利，甚至利用这一点来加强对贡献出财富和资产的人民的压制和控制。当别人批评他的时候，他反而会利用这一点，最极端的例子就是在公共食堂时期。"公共食堂"原来听着挺好的，白吃白喝。不是。公共食堂是大家把自己的粮食全要交到公共食堂，这个时候决定谁来吃的这个权力就变得异常大。在公共食堂时期，经常会有被扣饭的，你和生产队长有矛盾的话，他扣你的饭，这个是古今中外的统治都没有的手段，要把你的饭给扣了，这个太恐怖了。

私有制从道德上来讲比公有制高得多

为什么我说公有制是万恶之源？它加强了那些本来就让我们很头疼的问题，如怎么去约束权力的问题。它加强了这些人的权力，不仅把鱼交给你让你看着，反过来我想吃的时候你还掐我的脖子，这个公有制有什么好处？所以公有制严格来讲就是万恶之源，私有制不是。只是（公有制）在这个国家被宣传多年，说得很好。

我觉得私有制从道德上来讲比公有制高得多，因为私有制就是自己管自己，你没有去管别人的财物，你管自己的财物，你爱怎么支配就怎么支配，不涉及别人的利益。公有制恰恰涉及别人的利益，你又说我的公有制是自动实现的，可以有一个圣人在这儿帮大家管，这不是瞎扯吗？所以公有制是极为邪恶的一种制度。

国资委是国企管理层的代言人，不是监督者

很多人也说国企改革最根本的不是私有化问题，是政府和企业政企不分的问题，因为它既是市场经济当中的企业，它的管理者又是政府的官员，被称为一种"怪胎"，而且它还有垄断势力。

本来一个民营企业的话，管理层是有人来管的，股东会和董事会来管。而由于股东是有切身利益的，有非常强的管理动力，董事会的动力当然也很强，是一对一的针对这个企业的管理层的绩效进行约束和激励。但国有企业就面临这个问题，就是谁来履行股东会和董事会的角色。肯定不应该是国企管理层自己，这是毫无疑问的，必然是外在于管理层的一个股东会和董事会，所以就搞了一个国资委，貌似来代理董事会，实际上如果由全国人民直接管也是很困难，所以都是代理的。这个代理有一大堆问题，它肯定不像民营企业的董事会那么有效率。

第一，它没有动力，管的不是自己的钱，管的是别人的钱，多一点少一点跟自己没有关系的，他没有动力管得很好，他为什么天天盯着这些人，当然政府赋予他这个职责。但是，说句非常直率的话，他肯定不如民营企业的股东管得好，这是人的本性。

第二，也管不好。为什么？你毕竟不是在企业内，也不是经常会跟踪这些企业，而是一小撮官员去管很多企业，所以你必须要采用另外一种管理方案，就是制定一些指标考核：如利润是多少，净资产收益率是多少，等等。其实这些指标是没有

用的，因为不同的企业、不同的产业面对不同的市场。任何企业今年赢利还是不赢利，不完全取决于管理层的努力，今年市场突然好了，我就赚钱了，我的利润就很高。所以用这个标准去衡量是没有用的。更何况有的是垄断企业，有的是非垄断企业，用一个标尺去衡量不同情况的企业也是不行的。所以这个激励是不足的，这也是一个问题。

第三个问题，就是管理者、监督者其实是被被监督者所俘获的。何以证明呢？是因为我们看到了这些年，国资委的管理、监督是很不力的，你看现在为什么出那么多事，他们监督什么了？我们要问，中国人民花那么多钱请了你们帮我们监督这些国有企业，现在出了这么多事，你们有没有责任？那么多行贿受贿，非常普遍。

这很明显，因为他们站在一起，他们是一个集团的。很多人认为国资委不是监督者，他们认为国资委是国家队的领队。我认为这是错的。你怎么是领队呢？实际上，国资委扮演的角色就是国有企业管理层的代言人，他们不是监督者。我觉得对国资委的评价就是：你到底监督出什么东西来了。如果国有企业内部烂成这个样子，国资委是有责任的，所以说他们是被俘获的，不仅被俘获，还替他们（国企）张目呢，所以他们天天讲的是做大做强。这就错了。

国资委是国家来监督国有企业的，国家代言人就是从国家利益出发，国家利益不要求国有企业做大做强，国有企业做大做强是为这群人（利益集团）张目的，不是为全国老百姓张目的。你出于这个考虑去争取和获得更多垄断权，那么就是侵害了这个国家其他的部分、其他的集团，很显然，你这个国资委就是有问题的。

99%的国企就不该存在

这个制度的核心是这个国有企业就不该存在。国企存在了,再搞一个国资委(去监督)是没有用的,而且国资委是起着反作用的,它是反对别人的监督的,别人要监督他们,它作为挡箭牌,要出来替这些国有企业的问题去遮挡、去掩盖。如果没有这个国资委没准还好,因为它不形成一个群体,没有一个代言人,反而是一件好事。核心还是不该有这么多国有企业。我认为现有国企留下1%就够了。

不屑于讨论混合所有制根本利益没有触动

中国早就是混合经济了,他们现在说的混合经济是什么意思呢?就是他们提出来的中石化的股权再出让30%,这有什么用?第一,它没有取消垄断权;第二,没有撼动控制权,只是让老百姓分享他们的垄断利益而已。但是这样做的目的是什么呢?目的是欺骗舆论,说"我们改革了"。我不认为这是改革,利益集团的根本利益没有触动。

我觉得这个说法不能作为主题去讨论,要跟着他们走我们就是傻子。包括十八届三中全会,你看国企改革的条款,没有一条是有实质内容的。只有一条有时间限制的,就是到2020年争取将上缴利润的比例提高到30%。为什么要到2020年呢?还差7年。提高到多少?30%。为什么要提高到30%?百分之百都应是全体人民的。这就是在拖延,它不得已总得搞点什么"改革",其实都是在那儿拖延,都是缓和改革压力而已。关于国企,还是没有过硬的改革措施,没有打破垄断,比如你是不是可以限制一下国企发放的工资奖金,这是实质性的,凭什么你的收入就 7 倍于国家其他人民,而且上缴利润还要 7 年以后达到 30%。就是拖延时间。

利益集团会在制度保护漏洞下自己烂下去

一些利益集团每年拿走我们几万亿,每天拿走我们上百亿,拖一天就是上百亿,这是一个巨大的罪恶。拖一天,中国人就是上百亿的损失。

这些人没有一个真正有远大眼光的人,没有真正从全中国角度出发的人,这些人全是一帮萎萎琐琐、龌龌龊龊的家伙,就是为了自己的利益。

但是我也想说,他们最后落不着好,为什么?因为在这样一种所谓对他们宽松的制度保护下有太多漏洞了,所以他们会在这样的制度下自己烂下去。你看看蒋洁敏,看看这帮人,最后这些人都落下什么了吗?现在继续保护他们利益的这些措施,最后其实适得其反,让他们全进监狱,只能是这样。其实真正有长远眼光的人绝对不拿不义之财的,那些认为拿不义之财是对的人,中国几千年古老智慧,他们根本就是一点儿都没有学到的。现在蒋洁敏的儿子又被调查了,不仅是一代人,这些人不仅害自己,而且毁家庭。在你得势的时候千万要谨慎,你把自己的家人都卷进来,最后这个家都毁掉。

我要是国有企业集团内部的人,我一定站起来说我们不能要那个不义之财,不能要垄断权,我们欢迎约束,其实对我们自己是有好处的。不然的话你看,一个一个倒,有的只是暂时没倒而已。你看华润的、三峡的。这些利益集团的人,要的都是短期利益,都是鼠目寸光的,我觉得好像这个国家就没有培养出来有长远眼光的人。

没有国企,中国经济发展会更好

国企的业绩一向都很好,尤其是垄断企业,但并不是说国企对国民经济发展就有好处。

要有一个替代的概念,就是另外选择的概念。这个好首先是市场好,比如说在中国这么大的市场下,如电信行业,你要换个民企会更好。这有一个所谓的机会成本问题。你说它干得是好,因为市场发展,中国这么大市场,并不是它(本身经营)好。任何一个企业最重要的要素就是市场,中国这么十几亿人,人均收入增长又这么快,因此市场得有多大?核心在这儿。所以不是他们做得好,首先是中国好,这个要搞清楚。如果没有他们,中国会更好,其实就是这样。

由于国企垄断带来的巨大损失,这是机会损失,现在当然看不到。比如石油垄断,石油垄断我们大概估计了一下,由于它垄断了,不许别的炼油厂炼油。中国有很多"三桶油"以外的其他的炼油厂,统称"地炼",就是地方炼油厂,当然也有一些民营炼厂,以山东的最多。他们的能力大概是1.3亿吨,由于受垄断的影响,就是纵向一体化的垄断加上进出口的垄断,导致他们没有原材料,原油不给他们,当然他们有别的方法获取其他替代原料,使他们的开工率只有40%,如果他们的原油自由进口的话,他们的开工率至少能提高到80%以上。我们大致有一个估计,每年可以增加3000亿销售额,就是说由于国企的存在，这 3000 亿就没有了。

你不能光看国企业绩好，他们是很好，市场不好还不去垄断呢。你倒过来想，好的市场它才垄断呢。曾经就有这样的情况，石油有一段时间是吸引民资进入的，后来石油价格涨了，他们又抢回来了，这有一个"陕北油田"事件。它为什么抢回来？是因为价格上来了。包括煤也一样，"山西小煤矿事件"，很多浙江商人去投资煤矿，结果山西一看煤价涨上来了就给抢回来了。

所谓的好是因为市场好，而业绩好是它能把好的市场给垄断下来，所以显得好。他们垄断了，不允许别人进入。真是要有民营企业去做，民营的成本比它低多了，它根本就活不下去。

国企竞争力根本不如民企

如果放在大家一起竞争的情况下，国企跟民企比怎么样呢？根本没法比。你可以看看钢铁业，就是有民营企业，也有国企。国企都不行。民企发展太快了，为什么钢铁过剩？研究现有的价格发现，民企的成本低，所以它就有更多的投资，产品就多了。其实可能国企还有很多招术，不愿意退出市场，显得就多。其实，他们都应该退出了。比如国企是不交地租的，民企肯定都交，没有人给它免费用地，但国企很多固定资产都是不计费的。看钢铁行业就能看出来，本来已经不公平了，但是民企还是厉害，比较赚钱，民企赚了很多钱，国企不赚钱。

用红利弥补养老金缺口，只能是过渡的形式

国企本来应该是全民所有，有的人说让国企多上缴一些红利，用那些红利去弥补养老金的缺口，这样就普惠到每个人了。这个想法当然是好的。但是，第一，还是由于国企管理层垄断集团的存在，这需要很强的博弈才能实现。在2020年才交30%，怎么可能用于养老金？

第二，这还不是根本之策。因为国企就没效率，国企就是垄断，也不公平。本来这个资源可以用在别的地方能更有效率，也不能因为搞养老金，它就可以继续维持垄断，垄断还是错的。你要说取消垄断，对养老金就会有影响，这个挂钩反而不太好了，还不如先把国企改了再考虑养老金。

是不是过渡的时候这样做可以？因为过去也提过把资产就给一些基金，比如社会保险基金来持有，最后的收益就可以作为养老金的来源。因为国企很多下岗职工，过去没有积累，能应用于这块儿也是挺好的。但是我觉得只能是过渡的形式。它首先不能妨碍国企的进一步改革，你不能说有了养老金了它就可以不改革了，这不行。还有就是作为社会保险基金公司，他们也还是起不到太大作用，虽然它可能也是一个外在力量。这种基金又是国企，可能又会有国企管理层利益集团互相合谋，那就达不到目的了。

淡马锡模式不值得学，
它只是主张保留国企的人的一根稻草

很多人都在说中国国企改革可以学习一下新加坡淡马锡，它也是隶属于新加坡财政部管。我觉得没有必要学，根本不需要。当然从新加坡这边看，第一，我觉得政府权力约束可能比中国大陆更有效，我相信这一点。但是也没必要学。你没必要创造出一个很难管的东西。

只是中国那些主张保留国企的人淡马锡被，是一个很好的榜样。是他们的一根稻草而已。为什么新加坡政府要运营这么多钱，有什么必要呢？新加坡这个国家这么小，根本影响不了什么市场。其实没什么用的。

如果钱多了，就减少税收，藏富于民，让老百姓更多地发展。所以这个不是什么理由，只是主张保留国企的人的一根稻草而已，没有什么值得学习的地方。

肢解国企前，先解决垄断权问题

对大型国企做肢解，就像美国的洛克菲勒一样。有什么不可以肢解？国家利益如果需要肢解的话就肢解。你还保持垄断，那就要肢解。

当然，首先是垄断权问题，这个垄断权本来就是不合法的。没有一个法律规定"三桶油"是有垄断权的，"38号文件"是一个连部门意见都不算的层级极为低的文件，让我看来就是一张废纸，但是在中国就在执行。这是一个观念问题。肢解是第二步。美孚石油和洛克菲勒是没有政府授予垄断权的，他们是在市场中形成的垄断权。

因此，肢解还是第二位的，第一位的垄断权问题没解决，就不肢解它。只要放开民营企业，根本不用怕它（垄断国企），这帮人都是纸老虎，没有什么高效率，民营企业进入，不管多小，没几年，他们全垮台，根本不需要你肢解，肢解都有点费事了。肢解洛克菲勒是因为它是一个民营企业，还是有效率的。

从利益上来讲，如果倒过来说，我要去打破你的垄断权，假如政治上没法打破，我可以把你分拆，其实垄断就被破掉了。比如中石油分成十个，那就是十个竞争的企业了，所以那个垄断就不存在了，因为互相之间能竞争了。

把官员和企业高管之间的旋转门关上

怎么能够更好地推进国企改革，我认为应是一步一步的。一个是打破垄断，我们也在做一些工作，比如打破石油的垄断，我们去年那个报告其实就是打破垄断的报告（《中国原油与成品油市场放开的理论研究与改革方案》），比较具体的方案是从原油的进出口自由化开始，要逐渐让这个市场去发展，其他也是一样。

还有一个很重要的方面就是要上缴利润。他们其实把上缴利润和分红比例给混在一起了，说"我们不是还要再投资吗，为什么要全拿走"？但是商业利润是一个法律概念，利润肯定是全体股东的。你说我还要再拿一些利润中的钱去投资，没有关系，股东会来审批，最后来决定。你不能对股东说我还要投资，所以我只给你10%，剩下的90%你不要问，这肯定不对的，完全是两回事。所以我说国企要百分之百的上缴利润，这是法律概念。当然企业要发展，要投资，但是这个决定权不在管理层。现在管理层好像说他有权力决定，这种是错的。所以上缴利润应该是百分之百上缴，分红多少是股东会的事情。这不是很简单嘛。或者给董事会提个建议，都没有问题，当然这个建议得合理。

还有就是要强力限制这些企业内部的工资、奖金的发放。国企很多会有弄虚作假，让外部人不知道，今天偷发钱、明天偷发钱，甚至连合同都可以搞假的，合同上说四千块钱一个月，实际上发一万块钱一个月。对这个问题的监督，一个是在法律上就要限定，你的工资、奖金发放多少是要经过股东点头的。股东不点头，你随便发，这肯定不行。股东比你穷好多呢。

还有就是交地租、交资源租，等等，都要做到，和民企一样，地租一万多亿，你每年都得交。

还有就是对国企管理者身份的界定也要改变，将来不能是官员和国企管理者互换，那个就不应该由中组部来决定。中组部的人根本不是在办企业，大家都心知肚明的，这是给这个集团的某些子弟安排一个位置，基本没把它当企业来运作。

但是现在你要把官员和企业高管之间的旋转门关上，你要做官就做官，要做国企高管就做国企高管。其实很多人就是把它当成一个台阶，还有很多人把它当成政治分肥的一部分而已，根本不是在搞企业。

非公企业参与国企改革仍需清障

黄群慧

黄群慧

现为中国社会科学院工业经济研究所所长、研究员、博士生导师,兼任中国企业管理研究会常务副理事长,中国社会科学院管理科学研究中心副主任。

十八届三中全会《决定》指出,要积极发展混合所有制经济,允许更多国有经济和其他所有制经济发展成为混合所有制经济。我认为,鼓励非公企业参与国企改革,就要清除当前制约非公企业参与国企改革的障碍,创造继续深化改革的条件,形成继续深化改革的强大动力。对于垄断性国有企业要提高市场开放与竞争程度,推动垄断性行业向可竞争性市场结构转变。

混合所有制改革要"上下结合"协同推进

我国改革经验表明,成功的改革推进路径是先"自下而上",允许基层积极探索,得到基层探索的整体改革经验,进而"自上而下",进行顶层指导下的推进,从而实现积极稳妥地全面改革。

这种"上下结合"的改革推进路径,既激发了基层改革创新的积极性,保护了经济的活力,又避免了一哄而上的混乱。同样,今天我们推进混合所有制改革,也应该坚持这样的改革路径。

当前混合所有制改革工作的重点应该是积极推进试点,在试点的基础上分析问题、总结经验,进而制定具体规则和程序,探索混合所有制改革实施细则,以保证进一步全面推进混合所有制改革在制度和法律的框架下规范运作。

国务院国资委选择国家开发投资公司、中粮集团有限公司开展改组国有资本投资公司试点,中国医药集团总公司、中国建筑材料集团公司开展发展混合所有制经济试点,新兴际华集团有限公司、中国节能环保公司、中国医药集团总公司、中国建筑材料集团公司开展董事会行使高级管理人员选聘、业绩考核和薪酬管理职权试点,还将在国资委管理主要负责人的中央企业中选择两到三家开展派驻纪检组试点。这种试点的方法就具有重要意义。

相对于国务院国资委试点先行的做法,一些地方政府将混合所有制企业比例、混合所有制企业中民营企业参股比例、国有资本证券化比例等作为混合所有制改革的量化考核指标,放在国有企业改革指导意见中,这是不妥的。在改革试点没有开展之前,制定这种改革方案,使改革方案成为彰显政绩目标和决心的"改革大跃进规划"。这种政府主导的急于求成的心态会加大国有资产流失的风险。

通过推进混合所有制改革试点,要探索和制定三方面细则。一是界定不同国有企业功能,将国有企业分为公共政策性、特定功能性和一般商业性,为不同类型国有企业制定不同法律法规,进而设计不同的混合所有制改革实施细则;二是完善公司治理结构,总结国有董事会试点经验,明确混合所有制下国有企业董事会的运行规则,建立有效的高层管理人员选拔和激励约束机制，从机制上保证国有董事和非国有董事的行为规范化和长期化，保证国有和非国有资产共同保值增值；三是着力营造公平竞争市场环境，努力完善产权流动的市场机制和产权保护的法律体系。

发展混合所有制是一个系统性、整体性和协同性的改革，需要统筹好中央和地方的关系、试点和规范的关系、渐进和突破的关系。

从中央和地方的关系看，在中央层面，主要解决垄断行业的国企混合所有制改革问题，地方层面则着重解决地方融投资平台、城市公共服务业等改革，一些影响大的问题也可由地方先行试验；从试点和规范的关系看，一方面要建立容错机制、允许试点创新，并在此基础上不断形成规范性的政策指导，另一方面也要通过规范，设定基本的试点创新"底线"；从渐进和突破的关系看，既要通过渐进开展积累相关经验，激发发展混合所有制经济的积极性和主动性，又要敢于面对难点攻坚突破，突破改制重组的瓶颈。

在协同推进上，要处理好三个协同。一是行业协同，就是要把握发展混合所有制节奏，既要加快竞争性领域改革步伐，又要攻坚克难，突破垄断行业的改革，相互借鉴经验；二是制度协同，要协同推进公司治理、产权和资产交易、资本管理、人事和分配制度等各方面的制度建设；三是进度协同，要把握好试点先行、细则制定和全面推进的时间协调。

不同企业需根据特点采用混合模式

依据不同的标准，发展混合所有制的模式划分存在显著差异。

从宏观推进层面来看，按照主导力量的不同，发展混合所有制可以分为政府主导型模式和市场主导型模式；按照推进路径的不同，发展混合所有制可以分为自上而下型模式、自下而上型模式和上下结合型模式；按照改革对象的不同，发展混合所有制可以分为存量改造型模式和增量发展型模式。

从微观操作层面来看，按照混合途径的不同，发展混合所有制可以分为合资混合模式、合作混合模式和配股混合模式；按照资本属性的不同，发展混合所有制可以分为公有资本与私有资本混合模式、公有资本与外资混和模式、公私资本与外资共同混和模式；按照控股主体的不同，发展混合所有制可以分为公有资本控股型混合模式、私有资本控股型混合模式和外资控股型混合模式，或者分为公有资本控股型混合模式和公有资本参股型混合模式；按照混合程度的不同，发展混合所有制可以分为整体混合模式和部分混合模式。

由于发展混合所有制既要有宏观层面的顶层设计，又要有微观层面的操作方案，因此模式的划分应实现宏观与微观的结合。

基于改革顶层设计的清晰性需要，在宏观推进层面可以以改革对象为划分依据，将发展混合所有制区分为存量改造型模式和增量发展型模式。

存量改造型模式主要是鼓励非公有制经济参与国有企业和集体企业改革，实现国有企业和集体企业存量产权的多元化。

存量改造型模式是当前发展混合所有制的重点，其微观实现方式主要包括公司制股份改革、开放性市场化双向联合重组、股权激励和员工持股。

增量发展型模式主要是新的投资中推动公有资本与非公有资本的共同参与，实现国有企业和集体企业增量产权的多元化。增量发展型模式也是发展混合所有制的重要形式，其微观实现方式主要包括新设混合所有制企业或新投资项目中推动公有资本与非公有资本的共同参与。

进一步来说，无论是存量改造型模式还是增量发展型模式，均可采取公有资本绝对控股、公有资本相对控股和公有资本参股三种形式。

发展混合所有制的不同模式各有优劣，并没有普适性的模式，实践中需要综合考虑产业性质、市场发育程度、企业组织特征、企业发展基础等多个方面的内外部因素。

从产业性质来看，相对成熟的产业中因公有资本的布局已经相对明确，因此发展混合所有制可以更多地选择存量改造型模式；而新兴产业中所有属性的资本布局都仍然是不确定的，因此发展混合所有制可以更多地选择增量发展型模式。但无论是存量改造型模式还是增量发展型模式，对于涉及国民经济命脉的重要行业和关键领域，可以采取国有绝对控股的混合所有制形式；涉及支柱产业、高新技术产业等行业，可以采取国有相对控股的混合所有制形式；对于国有资本不需要控制可以由社会资本控股的领域，可以采取国有参股的混合所有制形式。

从市场发育程度来看，当产权交易市场、资本市场较为发达时，发展混合所有制可以更多地采取存量改造型模式，反之则可以更多地采取增量发展型模式。

从企业组织特征来看，当公有制企业规模较大时，发展混合所有制可以同时采用存量改造型模式和增量发展型模式，反之则可以更多地采取存量改造型模式。

从企业发展基础来看，如果公有制企业赢利能力较强，可以同时采用存量改造型模式和增量发展型模式。

防止国有资产流失应采取两方面关键举措

由于每家国有企业功能定位、历史沿革、行业特性、规模大小、生存状态都千差万别，在具体推进混合所有制改革中，"一企一策"是一个必然的选择。但这并不意味着国家没有统一的约束。国家统一的约束应该至少体现在改革程序公正规范，改革方案依法依规，股权转让公开公允，内部分配公正透明四个方面。

一是改革程序要公正规范。整个改革先后程序必须有严格的规定，不要担心繁文缛节，公正规范是企业改革的第一要义，在规范和效率的选择上，规范始终应该摆在首位。

二是改革方案要依法依规。企业改革方案要严格遵照各项法律、规范和流程制定，最终必须要经过相应政府主管部门的批准，一些重大的企业改革方案建议由同级人大讨论批准。

三是股权转让公开公允。在混合所有制改革过程中，涉及国有股权转让，信息必须公开透明，转让价格要保证公允。信息公开透明，发挥社会的监督作用，往往是避免国有资产流失的最好办法。

四是内部分配公正透明。混合所有制改革中，会涉及员工持股和管理者持股。这个过程中，要保证分配公正透明，这不仅为了避免国资流失、利益输送等问题出现，还为了更好地发挥员工持股的激励作用。为了保证公正透明，一定要做到充分的民主，要注意充分发挥职代会的作用。通过多轮投票选举产生职代会代表，职工代表充分发挥沟通桥梁作用，在改革总体方案的形成、职工持股认购额度分配等关键环节，每一项改革决策的酝酿与形成都要交职代会表决通过。

发展混合所有制之所以受到较大的争议和阻力，很大程度上是由于发展混合所有制过程中可能出现国有资产流失等"混合失当"问题，这使得防止国有资产流失成为发展混合所有制的关键问题。

发展混合所有制过程中的国有资产流失最可能发生的地方是优良企业、优良资产、优良业务线，并可能通过潜在利益、资产评估、同业竞争和关联交易等渠道发生。基于此，发展混合所有制过程中防止国有资产流失，应重点采取两个方面的关键举措：一是统一政策标准，分企审批。即制定统一政策标准，使国有企业混合所有制改革的一些重要事项有政策标准作为依据，同时每个国有企业混合所有制改革的具体方案，必须上报国资监管部门审批。二是统一产权管理，建立统一、开放、规范、高效的产权交易市场，严格执行产权交易进入市场制度，加强产权交易的监管以及混合所有制企业的国有资产监管，确保做到混合前公平评估、混合中阳光操作、混合后规范运营。

清除非公企业参与国企改革障碍

鼓励非公企业参与国有企业改革，就是要从有利于企业竞争力和总体经济效率的基本要求出发，清除当前制约非公企业参与国企改革的障碍，创造继续深化改革的条件，形成继续深化改革的强大动力。

经过30多年的国有企业改革探索，我国的国有全资企业相当一部分已经演变为同时含有国有股和非国有股的混合所有制企业，并且已经涌现出一批以联想集团、TCL、万科股份等为代表的优秀混合所有制企业，形成了进一步推进混合所有制改革的示范效应。

但是总体上看，目前进一步推进非公企业参与国企改革还存在许多障碍，有政策性障碍，也有市场性障碍，具体表现为：

一是对于民营资本进入意愿比较高的领域，包括能源、交通、医疗、教育、通信等，政府尚未给出放松进入的时间表，更未给出非禁即入的"负面清单"，民营资本通过参与混合所有制企业改革进入这些领域的难度大、成本高。

二是民营企业面临"玻璃门"、"弹簧门"、"旋转门"等各种隐性壁垒，国有企业在项目审批、土地、税收和户口指标等方面具有"政策红利"。

三是具有垄断势力、财务绩效良好的国有企业缺乏引入民营资本的内在动力，政府和企业内部管理层缺乏推进混合所有制改革的积极性。

四是一些地方政府出于发展地方经济的考虑，在引入非公企业资本时，常常对混合所有制企业的经营范围和区位布局制订了"特别条款"，影响了混合所有制企业的商业化程度和独立性，造成实际上的非公企业资本的股权与控制权的不对称，也造成事后股东间公司权力斗争的隐患。

五是人员身份转换和安置障碍是非公企业参与国有企业改革的后顾之忧。

针对以上发展混合所有制的现实障碍，鼓励非公有制企业参与国有企业改革、发展非公有制控股的混合所有制企业来进一步深化国有企业改革需要满足多方面的条件，从而形成既满足现实需求又符合理论规律的改革思路：

一是产权改革与治理改革要协同推进。产权改革是前提，但在产权多元化的基础上优化公司治理结构才是发挥混合所有制企业制度优势的关键。在坚持统一的《公司法》和国有企业改革总体安排的制度框架下，促进各利益相关方根据各自的利益诉求进行平等对话和谈判、形成公司治理差别化和动态化的前提下，当前我国的混合所有制企业的公司治理安排中尤其要重视积极引入战略性投资者。

研究和经验表明，当改制形成的混合所有制企业引入的非公企业投资者不属于具有长期性投资愿景和具备相关行业技术管理经验的战略性投资者时，股东之间的冲突和摩擦以及公司权力斗争将导致高额的治理成本。因此，混合所有制改革不能流于形式，必须着眼于提升企业效率、降低治理成本，把引入真正能够提升公司长期价值和竞争力的战略性投资者作为推进混合所有制改革的要点。

二是产权改革与市场结构调整的协同推进，弱化垄断性租金驱动的混合所有制企业改革。市场化的企业主体和有效竞争的市场结构是提升产业效率的两个重要条件，缺一不可。无论是对于行政性管制导致的自然垄断还是市场竞争过程中国有企业形成的经济性垄断，在垄断企业自身投资主体和股权多元化的同时，要配合放松行业进入管制，通过鼓励形成新的市场竞争主体、形成有效竞争来全面促进经济效率的提升，避免在混合所有制改革后形成新的民营资本垄断或"合伙垄断"。与此同时，也通过形成竞争预期，避免非公企业参与国有企业改革的激励扭曲，有利于真正的战略性投资者进入。

三是混合所有制和政府功能完善的协同推进，弱化行政性租金驱动的混合所有制企业改革。消除政府在资金、税收、融资、土地、项目审批等方面对国有企业和混合所有制企业（特别是国有资本控股的混合所有制企业）的各类显性和隐性补贴和优惠，避免行政权力对股权结构、董事会结构和高层管理人员选聘的干预。

四是保证非公企业参与国有企业改革过程的透明性和竞争性，通过社会性治理保证交易的公正公平，避免国有资产流失。由国资委牵头制定非公企业参与国有企业改革的信息披露制度，对于资产评估、股权定价、股权结构、管理层持股等重要交易信息按照标准化的文本格式及时对外公布，形成媒体、学术界和社会各界对非公企业参与国有企业改革的监督、约束机制。

逐步推进垄断性国企混合所有制改革

垄断性行业国有企业改革应该立足于发展环境和功能定位，以放宽准入、多元投资、有效竞争、合理分配、独立监管为主攻方向，提高市场开放与竞争程度，推动垄断性行业向可竞争性市场结构转变，为国有企业推进混合所有制创造条件，实现竞争效率和规模经济的同步提升。

一是解决垄断性行业国有企业经营活动和招投标系统内封闭运行，向社会开放不够的问题。推动电信、电力、油气、公用事业等领域招投标向社会开放，鼓励民营企业申请勘察设计、施工、监理、咨询、信息网络系统集成、网络建设、项目招标代理机构等企业资质。凡具有相应资质的民营企业，平等参与建设项目招标，不得设立其他附加条件。鼓励民间资本参与上述行业基础设施的投资、建设和运营维护。引导大型国有企业积极顺应专业化分工经营的趋势，将基础设施投资、建设和运营维护外包给第三方民营企业，加强基础设施的共建共享。

二是加强和改善垄断业务监管，防止相关企业凭借网络设施排挤竞争者。根据行业特点对于在技术经济方面要求保持技术和经营管理上的整体性垄断性业务，可以授权一家或少数几家国有企业垄断经营，非国有资本可以股权投资形式进入，但要防止相关企业凭借网络设施排挤竞争者，滥用市场优势地位。随着社会主义市场经济体制的成熟定型和民营经济成长，逐步降低上述领域对国有经济的依赖，实现从一股独大向股权分散的社会化企业的转变。对于资源类产品和服务的进出口，应放宽市场准入，允许更多的经营者经营，以便对国内垄断企业形成一定的竞争压力。

三是构建可竞争性市场结构，更好地发挥竞争机制的作用。油气产业上游领域重点解决石油、天然气探矿权和采矿权过度集中和一家独大的问题，引进一批具有资质和能力的企业从事页岩气、页岩油、煤层气、致密气等非常规油气资源开发。下游领域，重点加强符合条件企业的炼油业务，改变原油和成品油进口管制，增加从事原油和成品油进口业务的主体，取消非国营贸易进口的原油必须交给两大石油公司加工的"隐性政策"，放宽进口原油在国内自由贸易，允许非国有企业根据市场需求组织进口。电信应完善关于码号资源、市场竞争行为管理的相关规定，维护好消费者权益，对企业退出机制、个人隐私保护、服务质量保证等方面作出更为细致的规定。解决中国移动"一家独大"掌握绝对市场控制力，中国电信和中国联通难以对中国移动构成实质性竞争的问题。电力重点解决发电侧缺乏竞争和购电、售电过度垄断问题，赋予电厂卖电、用户买电的选择权和议价权。放宽发电企业向用户直接售电的限制，允许全部分布式发电自用或直接向终端用户售电，允许全部规模以上工业企业和其他行业大中型电力用户直接、自主选择供电单位，大幅度增加直购电用户的数量，改变电网企业独家购买电力的格局。解决调度与交易、发电厂与用户接入电网审批等权力不透明、电费结算不公平和电网接入审批困难等问题。

第四篇

土地所有制与房地产趋势

农村土地制度改革的重点与路径

陈锡文

陈锡文

中国共产党第十七次全国代表大会代表,中国人民政治协商会议第十一届全国政协委员、中国人民政治协商会议全国委员会经济委员会副主任。先后三次获孙冶方经济科学奖和一次国家科技进步(软科学)三等奖。第四届中国发展百人奖获得者。现兼任中国人民大学、中国农业大学、南京农业大学等多所大学的教授和博士生导师。参与起草了自20世纪80年代中期以来的大部分有关农业和农村政策的中央文件。

农村土地制度改革影响深远

党的十八届三中全会《决定》中关于农村的改革任务，是放在健全城乡发展一体化体制机制的大背景下来部署的，大体可以概括为以下十个方面：改革农产品价格形成机制和完善农业支持保护体系；改革农村土地制度；改革农村集体经济组织产权制度；推进农业经营体系创新；改革农业和农村投资体制；改革农村金融体制；农村行政管理体制和社会管理机制创新；农村社会事业发展和基本公共服务体制改革；健全农村生态保护和环境治理制度；户籍制度改革和农业转移人口融入城镇。

农村土地制度改革牵涉面广，在体制方面触及的层次深，所以引起了社会各界的普遍关注。推进农村土地制度改革至少会对国家土地管理制度、城乡之间土地资源配置和利用、农业经营体制、农民土地财产权利等产生影响。

征地制度改革

十八届三中全会《决定》对征地制度改革提出了具体要求。

允许符合规划和用途管制的农村集体经营性建设用地进入建设用地市场，并且和国有土地同等权利。其意为：在城镇建设规划区的范围内，如果涉及符合规划和用途管制的农民集体经营性建设用地，可能就不再征收，以继续保持农民集体所有权的状态进入城镇建设用地市场。

在前一条的基础上进一步缩小征地范围，规范征地程序，同时健全对被征地农民的多元保障机制。

更重要的问题是农地转为非农建设用地后的增值收益如何分配。十八届三中全会明确提出要建立兼顾国家、集体、农民三者的土地增值收益的分配机制，并明确要求合理提高个人收益。世界各地采取的办法大体为两种：一种是土地的增值收益归土地所有者，然后由政府通过税收来调节；另一种则是根据法律规定农民所得的比例。十八届三中全会有关征地制度的改革还有如下要求：减少划拨用地，更多的建设用地要通过市场机制来配置；建立有效调节工业用地和居住用地合理比价机制，提高工业用地价格，这对于遏制城镇化进程中的土地饥渴症显然有重要意义；完善建设用地二级市场，这对推进城镇建设用地的二次开发、节约集约用地也会发生重要作用。

农村集体建设用地改革

对于农村集体建设用地，不能用解决城镇化地区农民土地的办法来对待整个农村的建设用地。同时，也要考虑我国的城镇化到底还需要多少建设用地。绝不可能把农村节约的建设用地指标都倒到城镇来用。城乡建设如何统筹规划，农业人口转移、部分村庄逐步消亡后如何合理补偿农民，以将农房、村庄复垦为耕地等问题，应抓紧研究。

十八届三中全会《决定》还提出对于农民住房财产权的抵押、担保和转让的问题。这至少涉及三项重要制度。首先是农村集体经济组织制度。农民宅基地是农民以集体组织成员的名义获得的，且只有本集体的成员才能在本集体申请宅基地，如果农民可以将其住房抵押、担保、转让，是不是意味着集体外部人员也可以获得？这涉及农村宅基地制度的根本改变。其次，虽然农民房屋的建设费用是自己负担的，但是宅基地所有权是集体的，而农民的宅基地是无偿获得的，这表明农民的房产权的权能是不完整的。如果允许产权不完整的农民住房直接进入市场，制度上该如何对待城镇中类似的住房，比如经济适用房和其他购买型的保障房？这涉及整个房地产市场规则的根本改变。最后，我国最高法曾经解释：接受房屋抵押的银行在抵押人无力偿还贷款、房屋被银行收走的情况下，必须保障抵押人及其赡养人口的基本居住权。这些情况都表明农民住房财产权抵押、担保、转让的复杂性。十八届三中全会《决定》中提出的农房抵押、担保、转让只是选择若干试点，并要慎重稳妥推进。

农民承包耕地经营体制的改革

改革中需要解决好的问题主要在于两个方面：怎样保障农户作为土地承包者的权利，怎样通过流转土地经营权使农业在现代化道路上更好更快发展。十八届三中全会《决定》提到加快构建新型农业经营体系。这不仅要培育从事农产品生产的多种经营主体，还要培育不直接提供农产品，但给其他农户提供经济技术服务的多种主体。这是我国农村近期发生的一个深刻变化。"耕、种、收靠社会化服务，日常田间管理靠家庭成员"——这种靠扩大社会化服务的规模，弥补农户土地经营规模不足的经营形式，明显提高了农业的效率和效益，也符合现阶段大量农村劳动力在城乡之间徘徊的现实要求。以承包农户流转土地经营权、发展多种形式适度规模经营为主要形式的农地经营体制改革正比较顺利地向前推进。只要把握住这个方向，坚持让农民依法、自愿、有偿流转土地经营权，不搞大跃进、不搞强迫命令、不搞行政瞎指挥，就不会出现大的问题。

农村土地制度改革将拓展金融空间

农村土地制度改革，特别是农民土地承包经营权、住房财产权和集体资产股份占有权允许抵押、担保，一定会给金融业带来巨大的发展空间，也会带来新挑战。首先，农民土地承包经营权实际抵押的只能是经营权。承包权是农户作为集体经济组织的成员权，是不能抵押的。但是，法律又允许农民把承包土地的经营权转让给别人，这表明农村土地是可以实行所有权、承包权、经营权"三权分离"的。农户承包土地的经营权抵押是可以展开的,因为即使经营失利,农户失去的也只是几年的经营权,而承包权、集体的所有权都不会受影响。

其次,农民住房财产权的抵押是宅基地的抵押,还是住房财产权的抵押,抑或是居住权的抵押?这需要在慎重稳妥的试点实践中进一步探讨和研究。

最后,农民还拥有对集体资产的收益分配权。资源性资产要依法承包到户,实行确权登记颁证,由农户自主经营。拥有非资源性的经营性资产的农村集体经济组织,主要分布在沿海发达地区和大中城市郊区,而这类地区都正在快速城镇化。因此对这部分资产实行股份合作制改革,将它们折股到户,按股分红,对保障农民的集体组织成员权利,对集体资产的经营实行民主管理和民主监督都有重要意义。但农户占有的集体资产股份,到底能不能抵押?这个问题很复杂,它甚至最终关系到集体组织本身的存废。据我们了解,在已经实行了集体资产股份合作制改革的地方,似乎还都没有允许农户将占有的集体资产股权去抵押或转让给本集体组织以外的成员,而这种规定完全都是由农民通过民主协商的程序自主制定的。

农村集体经济组织的产权制度改革,是为了清产核资,完善民主管理和监督制度,对收益实行按股分红。也正因如此,绝大多数集体组织实行股份合作制的产权制度改革后,基本都采取将这些资产实行租赁经营的办法,很少有自己经营或入股经营的,主要就是为了防范风险。所以,目前各地的农村产权交易市场,交易量最大的是农户承包土地的经营权、林权,还有集体依法取得的建设用地和房产的使用权。因此,某种程度上讲,农村产权市场实际是农村集体资产(包括承包到户的集体资源性资产）经营、使用权的租赁市场。当然，今后会发生什么变化，还要观察，也取决于政策的取向。

在政策上允许农民占有的集体资产股权抵押，而事实上会不会发生，这是两回事情。把农村集体经济组织制度与一般的企业制度等同起来，以企业改革的理论去指导农村集体经济组织的改革，至少在现阶段大概是行不通的，因为农民担不起被破产、下岗的风险，我们的社会、政府也担不起这个风险。因此，农村集体经济组织的产权制度改革，现阶段的重点应是摸清"三资"家底、接受群众监督、保障农民作为集体组织成员的财产权利。

上面讲的这些问题，可以概括为在深化农村改革中需要破解的四大难题：首先是征地制度改革，实际涉及的问题是允许在城镇中有两种所有制的土地，还是形成农地转市地后增值收益的合理分配机制，或是两者兼有？其次是对农村的建设用地，特别是宅基地，到底是坚持"自有自用"的原则，还是允许农村集体组织以外的成员在农村可以拥有宅基地和房产？再次是对农户来说，农地、农房（包括农房合法占用的宅基地）都不是拥有完整产权的财产，因此允许对农地、农房进行抵押，那么到底抵押的是什么权能需要认真研究、界定，否则就会留有后患。最后是农民占有的集体经济资产股权能不能抵押、担保？农民目前对此的态度到底是理性还是保守？允许抵押、担保后到底对农村集体经济组织会产生什么影响？这些都需要深入观察和研究。还是那句话，看准了的要大胆推进改革，还看不太准的只能有控制地开展试验。

中国土地制度改革何处去?

华生

华生

著名经济学家,现任中国侨联华商会副会长,北京市侨联副主席,北京市政协委员,中国社会科学院研究生院、东南大学兼职教授,武汉大学教授、博士生导师。是影响我国经济改革进程的三项重要变革即价格双轨制、资产经营责任制、股权分置改革的提出者、推动者。曾获孙冶方经济学奖,中央国家机关优秀论文一等奖。

新老三农问题的区别

　　土地问题太重要了。在上届总理召开的一个座谈会上,我讲土地问题,最后的一句话就是,"中国共产党是靠土地革命上台的,土地问题搞坏了,就会动摇国本。"所以,土地问题,不仅是一个单纯的土地问题,对于我们今天城市化的建设,包括整个经济发展、国家稳定、共产党执政,我看都是基础。

　　中国几千年农业社会,从来都有土地问题。在皇权社会的时候,一代王朝倒台除了外敌入侵,基本上是因为土地问题。土地兼并,流民遍野,农民起义,帝国王朝就垮了。

　　我们讲到农村的问题有三农,农村、农业、农民,传统的土地问题,我称它为"老三农问题",其核心是土地所有权问题,是土地怎么分配,是平均分配,小农自己都耕者有其田,还是这个土地是少数大地主的,为别人干活打工。所以传统社会的土地问题,主要是土地的分配。分配得均不均,这是传统土地问题的核心、"老三农问题"的本质所在。老三农还有一个问题就是土地所有权与王权的关系，即赋税的问题。中国几千年来，一个新王朝上台了就要轻徭薄赋，最后垮台了，就是因为赋税太重，民不聊生。

中国共产党执政以后，在相当长的时间当中面临的还是"老三农问题"。改革开放开始就是把这个地分给每个农户，而且是按照非常平均的，应该说是中国历史上最平均的方法把土地分给农民。包括1980年代初的改革从农民家庭土地承包开始，说实话，它做得还是和50年代的土地改革一样，解决的还是平均地权的问题。

我们在80年代解决了土地平均分配的问题，带来了当时农产品的极大丰富。然后，我们在90年代遇到了什么问题呢，是赋税问题。有一个乡党委书记当时给朱镕基写了一封信，说农民真苦，农业真危险。就是赋税太重了。地方上各种各样的摊派，都跟这个国家农业税捆在一起。江泽民、朱镕基时期，采取了很多措施来解决赋税问题。这个问题实际上还是在2006年才解决的，就是把农业税干脆取消了。

之所以能够彻底把农业税免掉，是因为到了工业化、城市化的时代，我们不依赖农业的赋税了。相对几万亿的财税收入，农业税加起来几百亿是一个零头，我们可以根本不要。我们今天的政府开支用不上农业税，而且现在这些年是反过来了，拿钱来回哺农业。

所以"老三农问题"，第一解决了土地的均分问题，第二是解决了农业的赋税问题。这两个问题解决了以后，对于传统的农业社会来说，这就是最理想的境界。最高就到这一步，不可能再高了。中国农民能想象的就是自己有田，这个田别人又是拿不走的，然后还不用交赋税，种出来的东西都是自己的。

这是农业社会农民的最高理想,这在中国已经完全实现了。

新三农和老三农的根本区别,就是说,这个问题不是从农业来的,已经完全跟农业没关系了,而是跟我们今天的工业化、城市化有关系。由于到了城市化、工业化的社会,我们出现了新的土地问题。老的土地问题,已经解决完了,但是新问题却是越来越大。

新三农是三个问题。第一是农民外出打工,这个问题跟土地承包有关系。土地承包以后,我自己的庄稼怎么种我自己来管,农民大部分时间是不用干活的,所以他才外出打工。我们这几亿农民工住不下来的关键问题还是"地",因为他在原来的地方有地,但是现在到新地方他没地,所以他没地方住,这个问题我们还没给他解决。第二个问题是土地流转问题,就是报上天天讲的。土地为什么流转,因为外出打工,家里面地不种了,所以就产生流转的问题。第三个问题是土地的非农使用。农业社会的土地一定是种粮食、搞农业的。现在因为工业化、城市化,我们就把原来农业用地大量改成非农业用地。这个问题是吸足了眼球,报纸上讨论,大家一讲到这个问题,那眼睛都是放光的。为什么,那是有钱。土地只要非农使用,所有的钱就从里面来了。地方政府卖地,房地产商赚钱也要靠它,谁能有本事圈到便宜的地,那谁就发财了。

新三农的问题相对更复杂,这里面每一个问题都很难。相对来说,第二个农地流转要好一点,但也不容易。第一个问题和第三个问题都不好解决,最复杂的利益所在是第三个。第一个问题要解决农民打工后的安居问题、市民化问题,要花钱,所以大家绕着走。第三个农地非农用,是来钱的地方,大家抢着上。不同的人从不同的角度说不同的话,这也就是我们三中全会关于土地问题的决定。为什么写出那么一个稿子来，就是各种不同意见的碰撞，到最后变成这样一个人们解读不同的大方案。

农民工如何实现市民化

现在提的是新型城镇化，其核心是人的城镇化。这在某种意义上暗含着否定原来的路，就是说你不能光搞土地城市化。城市化的本质就是农民变市民，农民不变市民的城市化，跟城市化的概念都是相反的。但话说回来，农民进城打工，在一定历史阶段是我们国家的一个特点，全世界基本上没有。农民进城打工以后，没有城市户籍，在城里面没有地方住，没有安排地方让他们住，这只有中国有，这个情况很特别。其他国家至少是可以搭贫民窟的，没地方住，那我在公园里面把这个搭起来，占了一块地方就开始搭了，这在发展中国家是特别多的。我们的管制能力很强，所以基本上管住了。但是到了第二代第三代农民工，他们从小就没种过田，也不可能再回农村了，这时农民工还不能在就业城市落户、市民化，那就可能要出现大的经济和社会问题。

农民工市民化对我们的意义，这还要看一看世界上的大事。在农业社会，基本上都是农民。应当说人类从几千年前进入文明社会开始，人大概能够有语言、有文字就开始有城市。但是城市在农业社会这几千年当中，城市人口始终占整个人类人口大概5%左右，最多不足10%，包括像中国的唐、北宋、明、清最繁荣的时候，城市人口也就是这么多，西方也是这样。整个农业社会的一个特点就是，基本上是简单再生产的循环，剩余农产品有限，生产力进步非常缓慢。城市化在 18 世纪之前全球都是个位数。1900 年的时候，我们清朝皇帝还在，那时候全球的城市化率是 16%；过了 100 年，到 2000 年的时候，全球的城市化率是 42.7%；现在全球城市化率已经过了 50%。联合国人居署预计，到 2050 年全球的城市化率是 67%，到这个世纪末应该是 80% 以上。也就是说，我们生活的这个世纪是人类，包括我们中国人，从农业社会完成向城市社会转变的最后一个世纪，这是全球的大趋势，不是我们喜欢不喜欢的问题。

我们现在有 2 亿多农民工，再加上他们的家属就有四五亿人。现在的城市化率去年底到了 53.7% 左右，但是按照我们公安部的城市户籍人口，城市化率只有 35%，两者之间相差的那二三亿人就是进城打工的农民工，包括我们家里请的小保姆。这个城市化率，在我们城市化的阶段后期，应该说是太低了。

今天中国户籍城市化率才 35%，我们面临着如何让大量的农民能够在他们就业的城市安居下来的问题。我以前就一直说，现在中国城市的户籍比美国的国籍、比英国的国籍还要困难。你在英国合法工作四年就可以申请永久居民，再过一年就可以申请国籍。在我们北京工作 10 年也申请不了。这是一个角度，我们现在面临的，是农民进城以后不能够市民化，这跟世界潮流已经开始很明显地脱节，对我们下一步的经济社会发展也构成了非常大的威胁和挑战。

我们现在的经济遇到了挑战，跟这个有非常大的关系。农民工在城里面的消费能力很有限，因为他主要都是存钱的，存钱以后回家盖房子，回家盖房子他还不住，他在城里面又没房子，然后家属不能带来，子女还有几千万在老家留守。我们现在人均 GDP 已经到了 6000 到 7000 了，这时候经济要升级，首先劳动力就升级不了。这几亿人,对我们来说,既没有强大的消费能力又没有劳动力素质的提高。这是中国经济今后所面临的主要挑战。从社会来说,有几亿人居无定所、家庭不能团聚,这是巨大的不稳定因素。

总理讲话讲了"三个一亿人"的问题,这是我们下边要做的大动作。在沿海地区安排一亿农民工落户,在中西部地区安排一亿人就地落户,另外的一亿就是城市的这些棚户区的改造。这个计划要是完成的话,意义非常重大。

但是,这个可不容易。因为"三个一亿人"全是花钱的事情。能赚钱的事情,不用你号召大家都搞起来了,花钱的事情号召也没用。每个环节中,差一个环节,最后都是落空的。但是,我认为还是一个很巨大的进步。因为总理不是代表个人,实际上是中央的一个重大决策。这个时间表是2020年,实际上也就是六七年的时间。这六七年要完成这三亿人,那可是很了不得的。但是就像我们说的,这些措施能不能到位,钱从哪儿来,还是一个大问题。过几天,发改委的城镇化规划会公布,里面会说得更详细一点。但是,真正的措施肯定还需要下工夫去做,去制定、去落实。

农地流转的方向

农地要不要流转?要!我们分地到户的时候,一家就几亩地,一家几亩地怎么改善农民生活,怎么舒缓城乡压力?肯定流转,所以土地流转方向是对的。

农地流转给谁,这是真正的难点,也是真正的一个焦点。农地流转给谁,现在说的是要向大户、家庭农场、工商企业、农民流转。表面上没有歧视的背后，实际上主要流转到了实力雄厚、地方政府支持的工商企业手中。但是这样的人真会给你去种粮食吗？大规模流转农地去种粮食，那基本上不可能，经济上不划算。我去看过一些地方，唯一还能种的就是种子粮，因为种粮的价格是一般粮的好几倍。所以农地流转关键在于流转给谁，而这个方向本来应该是非常明确的，就是应当主要流转给留在农村务农的农民。

一个村子里面，很多人进城了。现在我们中央提出来"三个一亿人"的安置计划，安置了以后，他们的土地一定要流转，流转给谁，应该是流转给没走的人。流转给没走的人，他的经营会扩大，规模经济显示出效益来，收入才会提高；整体收入上去见效益了，这样才能达到我们缩小城乡差距的目标，跟三中全会提出来的坚持家庭经营为基础才相吻合。

中国农地流转到最后，农户平均规模就是几十亩地，这不是我们的愿望决定的，是中国人口跟土地的关系决定的。中国现在 20 亿亩耕地，假定城市化过程中一亩都不少，最后城市化率 20 年、30 年以后80%，还有20% 的人在种地。那20% 的人，它也是好几亿人，就是10% 的人，也是1.5 亿人，那也是30 年以后的事情。20 亿亩地给1.5 亿人，一人也就是十来亩地，一家五六口人也就是几十亩地。那么多大户去种几千亩地、上万亩地，其他所有的人都干吗呢？这个问题是要回答的。你没有那么多地，甚至连家庭农场，中国也搞不了。只有人多地少的地方可以搞家庭农场，所谓家庭农场好赖也应该有百八十亩地吧。

我们看日本、韩国以及中国台湾，跟我们差不多，人均土地，人和土地的关系都差不多一亩多地。日本除了北海道有家庭农场，其他都叫专业农户；几十亩地，只能叫专业农户成不了农场。不是日本人不想搞农场，它没有美国那么多地。所以在农地流转问题上，不能头脑发热，不能搞大跃进。考虑我们人口和耕地的关系，最后能搞多大的规模，这不是拍脑袋想搞多大就搞多大，这是我们在农地流转中要注意的问题。

规模流转土地的绝大部分都是非粮化非农化，这是一个要重视的问题。日本是长期禁止工商企业下乡买地。这个禁止不是来自政府，是应农民的要求，农民不希望别人来跟自己竞争。农民要求这个土地应该让我们来种，不能让工商企业把地都抢走，把我们的生态环境搞恶化了。美国的农业也是禁止工商企业去买地，也是源于美国农民即农场主的力量。

中国没有那么多地，一共就20亿亩地，除以13亿人，一个人只有一亩多地，90%的人进城以后，也搞不成农场。所以土地流转方向是正确的，没有问题，我们转让给谁，这个问题恐怕要想好，这是个核心问题。

土地非农使用的难题

农民进城，没地方住是因为他没地，这涉及我们土地的分配制度。现行土地分配制度的主要模式，就是政府征地，征地以后政府卖地，形成土地收入，政府用这个收入来建设城市，搞基础设施建设。这是我们的土地财政这一块。十八届三中全会做了一些改变，一面缩小了征地范围，一面增加了农民补偿。这两个措施一个是减少了地方征地卖地的范围，收入会减少；一个是提高地方政府补偿的成本，成本要增加。因此，三中全会这两个决定，如果得到贯彻，地方政府的日子会更不好过。

这是我们现在土地财政制度的问题，一方面自己难以为继，另外一方面吃力不讨好，受到大家的批评。翻开报纸、媒体，上面基本上都是骂我们自己的政策的，说这个多不像话，政府都把好处拿走了。所谓"牵走一头牛，补偿一只鸡"，尽管实际上不是这么回事，政府债务累累。但是大家都这么说，那也没有办法。因为钱确实首先是进了政府的腰包，而政府确实也做了一些不是老百姓真正需要的东西。搞了一些形象工程，搞了自己的大楼，那确实是。但是大部分应当说还是用在基建上，但大家不领情。而且补偿费用越来越高，在我们的沿海地方、重点城市，那补偿已经成天价了。

到目前为止，我们对这个问题是没有回答，绕着走的。文件里既没有说土地财政政策很好我们要坚持，也没有说土地财政大家批评都有道理，我们要改掉。这其中至少有两个问题。一个是我们的经济增长整个这阶段的模式是不是跟这种特殊的土地财政有关系，是不是靠其实现的？这是第一点。第二是说，你说这个土地财政不行，大家都说不行，怎么办？你们谁能说出个行的办法来，我想这第二条更重要。因为你不说行的办法来，那这个事情没法听你的，你再有多少意见，我们只能糊涂往前走。

所以，用什么来替代我们现在的土地财政，这个问题不回答，我们确实没办法往下走。我理解，这恐怕是一个主要的困难。这个问题太敏感，涉及我们整个的制度，现行的整个中央地方的财政制度。所以，这个问题到现在为止，应该说，还没有非常认真地研究，包括在内部公开来讨论这个问题，说土地财政不行用什么来替代，这个基本上还没有。这是我们土地问题的难点，这难点是涉及我们自己的。凡是涉及自己的事情都是最难的。

土地问题的难点，也是最复杂扰人的地方，就是这个宅基地。三中全会专门有一段话讲宅基地的问题。仔细再看，这段话是从宅基地的改革谈起，结尾说的却是，要进行试点推动农民住房的抵押、转让。从地开始，讲到后面地没了，就剩地上的房子了。如果这个地不考虑的话，房子抵押了地没变，或者地怎么办，没回答，这个体现了问题的敏感性。

宅基地上面盖的是农民住房，我们规定的是一户一宅，从农地上划出来免费取得。现在压倒性的观点，主张宅基地跟城市的商业用地应该是同地、同权、同价。那么究竟能不能同呢，恐怕还不那么简单。最初三中全会有很多人要把这个写进去，我们看到最后还是没写，最后是从地开始讲到房子的。这个问题的难点在什么地方，我理解宅基地问题最大的难点，就是我们在农村规划治理的能力是非常差的。我们连城市的违建还没管好呢，如果宅基地放开的话，城里富人都下乡圈地搞庄园，这个建筑的混乱局面恐怕难以遏制，这是最后宅基地被叫停的一个重要原因。

小产权房合法化，一种意见是说，让以前盖的合法化，今后再也不准搞了。但既然过去说了这么多年都是非法的，突然有一天宣布能够合法，那说明现在说的话你千万别信，你赶紧多建，将来肯定有一天还有说法，说到那时为止还是合法。因为我们下了那么多文件都是不合法的，现在说以前合法、以后不合法是没有任何公信力的。

返回来说，小产权房能不能合法化，变成一个违反规划建筑可不可以合法化的问题。这个我讲过，违建中国不能合法、西方不能合法，永远都不能合法。每个人都为了自己的最大利益去建，最后这个地方不适合人居住了。

小产权房问题涉及违建是不能合法化的。我的观点是,处理小产权房的问题,原则应该是很清楚的。让建设小产权房的人跟居住小产权房的人不能够得利。不能让违法的人得利,让合法的人吃亏。真正使今后违建不出现最主要的办法,就是你要让所有以前做的人没赚到什么便宜,后面的人自然就不干了。人家没房子买一个小产权房,最后肯定是要把这个房子给他的。但是不能够让他相对比同期买大产权房的人捞一个很大的便宜,那实际上是鼓励违建。

我认为,小产权房合法化这个问题在中国搞成这个样子,实际上是我们国内缺乏法治观念的一个最典型的表现。如何理解?

实际上就是一个事儿,如果你有土地,而且这个土地是你合法拥有的,不管是所有还是占用还是使用,你有没有权利在上面搞建筑。实际上,你就要回答这么一个问题。这个问题回答了,下面的事情就好办了。

现代所有发达的市场经济国家的基本法律,就是"建筑不自由"。这块地是你的,也是住宅用地,但是你不能随便建房子。我花两年时间写了一本书,其中有两章专门是讲西方土地的建筑权和土地的所有权如何相分离的历史过程。其他所有的东西,如果你有所有权你就有使用权。我买了这个杯子,这个杯子就是我的,然后我就有使用权了。我怎么用它,我拿它喝茶可以,我用它装饭也行,我不高兴把它摔了也可以。但是唯有土地,你拥有土地你有所有权利,你什么权利都有,你就是没有建筑权,不能随便盖房子,这个是国内现在最缺乏的法治观念。西方的土地都是私有制,私有制也没有这个权利。

西方整个这套规定,跟我们现在对市场经济的理解相差十万八千里。我们去德国，德国是在这方面要求最严的。德国从 18 世纪、19 世纪开始就是建筑不自由。现在到德国看，从城市到乡村，都特别漂亮；实际上，人家的那个漂亮的后面，不是靠每个人的自觉，是靠法治。

所以，在土地问题上，土地的非农使用的法治方向是什么，就是所有权和开发权相分离的这个现代的土地制度，我们国内包括我们领导都要补课，因为这些基本的道理都还不知道。从国外回来的很多人，他不讲这个，他主要跟我们宣传的是私有产权的至上；他不去讲现代西方的土地制度发展到今天，他的土地利用是高度规划的、高度计划的，比我们的计划经济还厉害。

从方向上来说，宅基地将来是一定会自由买卖的，这是市场经济和改革的方向。违建不能合法化，这也是法治社会的底线，它永远合法化不了。什么是我们改革的方向，什么是这里面的误区，我们在分析土地制度难点的时候一定要非常清楚。

宅基地将来从方向上来看，就是要逐步改的，就是城里人也是可以下乡，去买地去置业，但是这需要条件。三中全会的《决定》最后把这一块给卡住了，我认为非常正确，要不然不说天下大乱，至少天下中乱。为什么呢？在今天这个情况下，如果允许城里人下乡买地，那我们有太多的富人，想到农村去圈一大块土地，去搞个庄园，周末去度个假。他能遵守规划吗？我们城里面还在楼上盖房子呢，农村严格实施规划管治，我们现在还没有这个能力。将来从方向上讲，是应该允许居民下乡购买土地，不过要有税收调节，有土地用途和规划管治。这一点看看发达国家就知道了，我们沿着市场经济方向走，将来会是什么样的。

土地制度改革中的困局

我们现在的集体所有的家庭土地承包制度，这个制度无论怎么批评它，要看到它也有一个巨大的好处，因为土地家庭均分了以后不是私有制，不准自由买卖，所以最大的好处就是说你不能两极分化，你没法分化；我们不是搞土地私有，不允许兼并。所以，改革开放搞了30多年，现在的土地还是这么平均，是跟我们土地承包制度联在一起的。既解决了土地的均分问题，解决了大家的积极性，又解决了税赋的问题，解决收入归他自己，从而解决了传统社会的土地问题。但是集体所有的家庭均分承包制跟我们上面讲的新三农正在产生越来越大的冲突，因为很多农民外出打工了，均分的土地要流转要集中，农地许多不做农业变为建设用地，这就产生了巨大的冲击和挑战。

我发现，学者当中最反对集体所有制的人，也是现在最讲集体所有制的人。原本他是最反对集体所有制，集体所有制产权不清没有什么内涵，但是现在讲同地同价的时候，为了争取利益的时候，他就讲集体所有制多重要、多好，一定要跟国有土地同等权利。

实际上，这是偷换了一个概念。用集体、国有土地偷换了农村和城市的土地。在美国，没有人讲农村土地跟城市土地同地同权同价。同地关键是它的用途规划要相同，用途规划不同那是同地吗？那个价格相差天上地下。从这个意义上，城市跟农村的土地，永远不能是同价的。因为你的地理位置不同或者假设地理位置靠在一起，你规划肯定是不同的。如果农村的规划和城市的一样，还有农村跟城市吗？

土地如果农业使用，那永远没什么杂想。农业的土地，现在在美国平均价格也就是一亩地2000元人民币，有的是几百块钱，欧洲也是这样。中国台湾有句话叫作"市地是黄金，农地是粪土"。农地不值钱，农业你种那点粮食想发什么财也发不了，你种田，就是两千斤稻谷也不值多少钱。

我们现在的改革，在土地问题上，近几年的叫作"增人不增地，减人不减地"。什么是"增人不增地，减人不减地"？就是土地一次分到位，后面出生的人、迁进来的人都没有土地了。按照现有的人一次量化到户，本质上就这个意思。我们现在叫确权办证，把土地证都发给人家了，你以后不能再说不算了，这不就是某种意义的私有化吗？"增人不增地，减人不减地"实质上相当于取消了集体所有制。

实际上，我们说农村的土地就是确权到农户，变成私有化，也没关系。在现代社会，持有农地不会造成巨大的任何差距。你有50亩地，你有100亩地，你就富到天上去了，不可能的。只要前提是农地，只要把那个农字带上，你把这个规划用图给它卡死，它该是不值三文还是不值三文。所以农地就是私有化，我们在这儿讨论，实际上也没有什么意义。但是最不好的是什么呢？我们又要强制取消集体成员的权利，同时我们又要说集体所有制坚决不能动摇，你到底是啥意思？你到底是说，集体所有制坚决不能动摇，因而集体成员的权利一定要保障，还是说后来的集体成员已经没权利？你想"增人不增地"以后，在农村土地都没有了还有什么权利？概念不清的集体所有制，在一定意义上还不如私有制，因为我们把自己思想都搞乱了。这使得我们的政策不好也没法执行，因为它自相矛盾。这是我们在改革中要解决的问题。在所有制问题上，我们走的弯路不少。

我的观点是，这个问题将来是要思想解放的，从一定意义上说，中国哪里有什么集体所有制，哪一天集体决定过自己的事情？制定1982年宪法的时候，有个意见说，都转国有土地就完了。因为我们从来没有让集体自己决定集体所有制的事，从来是我们国家帮它决定的。我觉得我们要明白经济社会发展的规律，明白哪些东西是你必须要守住的，哪些东西实际上是水到渠成要放弃和改革的。随着市场经济的发展，有些东西死守也守不住，就像我们现在在计划经济中搞出来的集体所有制一样。

中国房价还有相当下跌空间

余永定

余永定

中国社会科学院学部委员,牛津大学经济学博士,中国社会科学院世界经济与政治研究所研究员、博士生导师,中国世界经济学会会长,联合国发展政策委员会委员。主要研究领域是国际金融,中国经济增长和中国的宏观经济稳定问题。

大多数中国经济学家都认为中国的潜在经济增长速度应该在7%～8%之间。保守一点的也认为应该在7%左右。至少就到目前为止的统计数字来看，可以认为中国潜在经济增长速度在7.5%左右。中国目前的问题不是增长潜力下降，而是如何在增长和结构调整之间找到较好的平衡。今年下半年，中国经济增长不会出现严重滑坡。实现7.5%左右的增长目标问题不大。

但是，中国经济结构的调整并未取得明显进展，如投资率过高、经济增长过于依靠房地产投资等问题并未有明显改变。为了加速经济结构调整，明年经济增长目标有所下调的可能性是存在的。但即便有变化，变化也不会很大。

中国房地产问题有两个不同的讨论角度。一个是房地产有无泡沫的问题。对这个问题始终未得到统一意见。从房价——收入比、房租——房价比的国际比较来看，中国可能存在房地产泡沫。但中国是个大国，地区差异很大，很难一概而论。

另一个是资源配置问题。我以为中国房地产投资在GDP中比重过高，已经构成资源的严重不合理配置。2013年商品房销售面积达到 13 亿平方米，销售金额 8.14 万亿元。社会零售总额 23.44 万亿元，商品房销售额与社会零售总额之比超过 1/3。中国家庭住房拥有率为 90% 以上，美国只有 60%，德国只有 40%。中国户均住房面积超香港，而大陆人均收入仅 6700 美元。

此外，中国建造了太多的楼堂管所和豪宅。房地产投资占 GDP 的比重已经超过 13%。这种状况不利于中国经济增长的可持续性。中国必须降低房地产投资的增长速度，降低房地产投资占 GDP 的比重。为了做到这点，应该从控制需求，特别是不合理的投机和投资需求入手。

政府的限购政策的目的恰恰是限制投机和投资需求。只有这样，政府才能一方面抑制房地产投资的过快增长，同时也使房价能够有所下降，使得普通老百姓的刚性需求能够得到满足。

因而，房价下跌是好事。从现在的情况来看，房价暴跌的可能性不大，而且政府有手段防止房价暴跌。理想的状态是让房价逐步下跌，在跌到某种水平后，刚性需求入市，房价下跌也就随之停止了。从目前的房价水平来看，房价还有相当的下跌空间，但不会暴跌。

目前房价出现下跌趋势是好事。政府应该沉得住气。不要轻易松绑。许多开发商认为中国房地产从黄金时代进入了白银时代。房地产投资依然可以赚钱，但不再是暴利或高利行业。我想房地产开发商的直觉是正确的。中国房价很可能进入了一个缓慢下降的时期，这个时期可能持续相当长一段时间。

有人说，为了缓解企业融资难、融资成本高的问题，有要求货币宽松的呼声。

企业融资难、融资贵是多方面原因造成的。银行加成率 (mark-up ratio) 偏高。中国大银行的利润率都超过 20%，而非金融企业的利润率只有 6% ～ 7%。银行风险规避倾向过强。不少银行在给企业贷款时，不仅有严格的担保要求，而且还压低抵押率，不仅要求提供担保而且还要求有联保，不仅要求有联保而且还要有联保的联保（互保）。

此外，银行还会要求企业支付相当高的风险溢价。这就大大提高了企业的融资成本。还有，企业为了规避信贷规模控制和各种风险控制指标，利用各种通道（conduits）发展表外业务。这就提高了融资的交易成本。

再有，房地产贷款以及平台贷款大量占用了银行和非银行金融机构（如信托公司）的贷款规模，挤掉了本应为一般企业提供的资金，特别是对民营部门产生了挤出效应。后者为了生存则不得不转向高利贷。

最后，通过销售理财产品实现事实上的存款利息率自由化。由此可见，融资难和融资贵问题并非单单是个货币政策问题。许多制度性问题得不到解决，即便货币政策放松了，融资难和融资贵问题也依然得不到解决。中国的货币政策已经承担了过多的目标，不应该再加上一个结构调整目标。货币政策是宏观经济调控手段，定向贷款和定向降准之类的政策是否有效还有待实践检验。

那么，是不是说中国不能缺少汇率市场化、利率市场化、资本项目可兑换等金融改革？

在资本项目全部开放之前，中国必须完成相应金融市场的建设工作。如果金融市场非常薄弱，资本项目暂时就不能开放。以我国股票市场为例，如果我国股票市场很健全而不是一个"准赌场"，当然可以对外开放。但是如果我国股票市场依然存在大量的问题，那就不能轻易对外完全开放股市，而应当维持我们的现有政策，通过 QFII 等途径逐步开放。

现在中国没有形成这样一种所谓的利率期限结构曲线，或者是无风险利率曲线。期限结构曲线的形成是进一步开放资本项目的一个前提条件，只有建立了利率期限结构曲线，才可以为各种资产制定价格。

我认为，在利率市场化、汇率市场化以及资本项目可兑换三项改革中应该首先完成汇率市场化，然后是利率市场化，最后才是资本项目可兑换。

推进房产税可避免房价"蹦极"

贾 康

贾 康

中国人民政治协商会议第十二届全国委员会委员,著名财经专家。现任财政部财政科学研究所所长、研究员、博士研究生导师,中国财政学会副会长兼秘书长,财政部高级技术职务评审委员会副主任,中国国债协会常务理事,《财政研究》主编,北京市人民政府特聘专家、福建省人民政府顾问,中国人民大学、国家行政学院、厦门大学、西南财经大学特聘教授,中国民生研究院学术委员会副主任。

房价居高不下已经成为当前社会最关注的问题。尽管针对房地产市场的调控政策不断趋于严厉，但是仍然不能抑制房价的较快上涨。房产税被认为符合未来房地产及相关改革的发展方向，有助于建立房地产市场长效机制。在重庆和上海已率先开启房产税试点之后，房产税改革是否还可继续推进，未来全面推广将会产生怎样的效果？

降低房价上扬曲线斜率

在房产税改革的讨论中，可发现公众最关心的往往是房价过高问题。对此，政府应该做些什么呢？一定要包括合理收税。房价越高，政府拿到的税收越高，拿到税后支持加快建设保障房。在保障和商品双轨统筹之下，把所有要素合在一起形成理性认识指导下的制度安排，而这种理性认识绝不仅仅是针对商品房房价的。

房地产调控和房产税改革已讨论了相当长时间，但不能把开征房产税的目的仅仅看成是打压房价。目前谈及的房产税，实际是以房产保有环节征税形成规范的经济调节杠杆，以形成多种正面效应，包括对地方政府职能转变的合理激励，以及在配套改革中改变地方政府对土地财政的过度依赖。这一改革也是优化我国税制结构和收入再分配的组成部分。征收房产税，房价不会应声而落，但会使城镇化快速发展时期房价上扬曲线的斜率降低，发展过程更加平稳，减少泡沫，不会动不动就大起大落，造成对社会生活的负面冲击。

可抑制收入"两极分化"

我国经济社会中房地产业继续发展的势头和空间依然存在，由此引发的矛盾也日益凸显。虽然绝大多数社会成员跟自己比，生活水平都在提升，但横向对比就会产生种种关于收入分配和财产配置的心理不平衡与不满。要缓解这些问题，在大的改革方向上，应逐步强化优化直接税和房地产税，我们没有其他选择。

从整个国民经济看，有两个突出问题：第一，中国房地产业的情况已引起严重不满。房地产要健康发展，就要有相关的制度建设减少房地产业的泡沫。限购、限价只是权宜之计，长远看要通过经济手段来维持健康状态，这就需要有制度框架为依托的一种约束力量。第二，中国的收入分配差距扩大引起严重不满。收入差距迅速扩大，在很大程度上缘于财产性收入，最主要的构成原因之一是不动产财富的增值、溢价收入。这需要通过一定的再分配优化调节和制约，不动产税即房地产税，应该发挥收入分配方面的优化作用。

在中国实施房地产税改革，是完成经济社会转轨与现代化的必要制度建设，将会产生四个方面的正面效应：一是增加中国直接税比重，改善税制结构，降低中低端收入者的税收痛苦程度；二是为解决中国地方税体系不成型问题，提供地方层面的支柱税种进而落实省以下分税制；三是促使已实施的房地产调控新政体现其应有的"治本"水准；四是优化收入和财产的再分配以抑制"两极分化"。可见，这一改革一举多得、势在必行。

推进实施会产生三大变化

此前有人指责上海、重庆试点好像成效不足，"动静不大"：税收收入很少，没看到房价急速下跌。其实，对房产税试点效果的评判，不能这么表面化。在上海、重庆搞试点，最重要的任务还不是筹集收入，而是柔性切入搭建制度框架，以调节市场，影响和引导人们的住房消费，并为省以下财税体制改革提供配套。

这个税未来在房地产市场上会产生什么效应？第一，对买房自住的人，会改变其预期，使其倾向于更实惠一点，更多考虑选择相对小户型的房子，这就收敛了供需紧张情况下需求方面的冲劲，并提高了土地集约利用水平；第二，对买房给自己做"商业性社会保险"的人，会考虑买房后出租，这就在没有增加投入的情况下增加了租房市场的供给，缓和了供需矛盾；第三，炒房的人会收敛自己的行为，因为这时的社会氛围和利益相关者的心态、预期都有所改变，炒房者会在估计风险时悠着点儿，减少炒房总规模，而且会考虑多数接手的人是用于自住，自然而然会考虑多炒中小户型。这些效应都是值得肯定并通过机制创新来追求的。

第五篇
户籍制度改革与城镇化

我国户藉制度改革还可拓展思路

党国英

党国英

现任中国社会科学院农村发展研究所宏观室主任，从事农业经济学研究，主要专长是农村制度变迁问题研究，并有多篇这方面的论文和著述。

为了帮助农民获得平等权利，需要取消专门针对农民的身份歧视，这是一种进步。而为了更有效地支援农业发展，需要识别农民的身份，这是更大的进步。

户籍制度改革是要建立一种操作比较简单、不含有身份歧视、能为社会经济管理提供准确信息的人口登记制度。此次发布的国务院关于户籍制度改革的意见，朝着这个方向迈了一大步。这个改革意见的最大亮点，是取消了既往户籍登记管理中对农民的歧视，并为扫清现行法规中的一些不合理条款提供了明确思路。我认为，在实践中落实这个改革意见要把握以下若干问题。

户籍登记依据：能不能更加简化

从长远看，新制度的核心应该是居住地人口登记制度，即一个人登记为哪个城市和地区的人，主要标准要看他的常住地在哪里。更具体地说，只要一个人在一个城市享有住房（不论租住还是拥有产权），且这个住房的建设符合政府的规划，住房的结构、面积和质量等符合政府的标准，那么这个人就应该被登记为这个城市的居民，并有望享有和其他居民一样的权利。标准住房可以分类，特别要有最低标准住房的规定。可以实行一套标准住房登记一户居民（可以是一人）的制度。这是一个简化户籍登记可资利用的标准。目前，我们还没有涉及居住的独立法规，给"常住居民"的认定及简化户籍登记带来了一定困扰。

新的户籍登记改革意见在操作上还不够简单易行。新的改革意见把城市分成几个类别，似无必要。例如，说要放开小城市的户籍登记，其实，所谓"放开"的意义不大。一些小城市的中心区，例如一些古镇，大规模增加住房不可能，增加常住居民不利于保护历史遗产，所以，也不能随便落户。在中心区以外的区域，因交通发达，居民也不一定要迁居到中心区。如果一个小城市没有处于国家级或省级开发区内或其周边，其吸纳就业的能力也很差，通常也不会有很多外来人口需要迁入户籍。

其实，大城市的入户门槛也可以简化，即主要按照是否拥有或稳定使用"合法标准住房"为核心条件，决定一个人或一个家庭（不论其原来是否为农民）能否由一地迁往另一地，而不论户籍迁入地的城市规模有多大。现在流行的说法是门槛"三要素"：住房、就业和收入，这比较复杂；"积分制"更加复杂，也不很科学。这就要求城市管理做好住房发展规划。盖了房子是要人住，人住进去了，你怎么能不给他户口呢？一个退休的亿万富翁在上海买房子，你不给他登记户口？这是讲不通的。一个农户已经在城里住了数年，后代也习惯了城市的生活，又租用了住房，或者用合理的价格卖了农村的土地并购买了城里的房子，能不给他户口？有人担心这种单一的办法会产生户口投机，而我以为用这种办法会减少投机。如果一个城市政府连住房规划都做不了，还能做什么？如果真做不了，又怎么能真正管住人口？户籍门槛又有何意义？

流行意见认为，大城市吸纳一个人口会增加若干万元的成本，因此要限制大城市的户口迁入。我以为这是一个很含糊的说法。现实情况是，我国进城务工的农民有20%左右已经在大中城市有稳定的住所。这些农业转移人口的新职业和收入很稳定，是城市的纳税者。他们又多是青壮年，其养老和就医，不会给地方财政造成什么负担。政府给不给他们户口，他们也要享受城市很多的公共服务，政府并不能将这部分钱节约下来。将这部分务工农民及他们的家属登记为城市居民，有百利而无一害。

取消户籍差异：户口"含金量"能否统一

城乡户籍区别完全"消灭"以后，农业转移人口能否与所在地城市居民享有同等的权利？会不会出现同一户籍居民中内部的"二元结构"？这需要认真讨论。

首先，是"低保"的平等问题。现在农村的"五保户"保障额度和已在全国推行的农民"低保"标准，大都低于城市"低保"水平。城乡户籍统一以后，如果完全按照城市标准建立"低保"制度，将增加财政负担。一个变通的办法是把"低保"的标准确定放到县一级行政区，在行政区内统一所有居民的"低保"标准，同时实行"老人老办法，新人新办法"。在确定对农民的补助时,可以考虑扣除农民的家庭经营收入中的非货币部分。如果把现有的扶贫资金、"五保户"资金统一安排,"低保"改革所需要的资金增量不至于超过 200 亿元人民币。更要注意的是,现在已经在城市的农业转移人口,大多不是领取"低保"的人口。

其次,是养老保障的统一问题。随着经济发展加速和财政收入增长,化解这个问题的难度在出乎意料地降低。现在国家有能力将农村养老保险与城市养老保险并轨。农业转移人口将视自己的情况进入不同等级的城市养老保险序列,政府对"新农保"的补贴将来视发展的情况再作调整。

再次,是医疗保障问题。基础医疗保障应该在城乡之间统一。现在全国正在推行农村"新型合作医疗",国家花不少钱奠定了基础。要注意到现在城市中一部分居民也没有医疗保障,可以把农村的办法引入城市,形成全国统一的基础医疗保障。在这个基础上再分成几个层次,体现差异。这方面可以学习中国台湾地区的经验。

第四,是城乡户籍完全统一以后,国家如何操作支援农业和农民的政策?这个难题现在还没有被充分注意,其实以后会显现出它的重要性。城乡户籍登记完全统一了,从道理上说谁是农民就不那么容易识别了,至少少了一个"法定"的识别标志。可是,如果要帮助农业生产者,尤其是要通过"直补"的方式来帮助农业生产者,就更应该对"农民"有一个法律上的界定。

实际已经发生了这样的问题。例如,某省仅仅给种稻谷的农民提供"直补",而对种小麦的农民不补,农民有意见。还有的地方给种植面积大的农户补,对小农户不补。对这类做法,部分农民也有意见。再比如,已经有政策要给农村独生子女家庭的父母提供养老补助，可是户籍统一以后，一些农村老人住在县城，在身份上与城市居民没有区别，补贴还怎么发放？能不能按土地补？好像不行。一些城市人租种了农地，搞休闲农业，他们应该获得政府农业补助吗？这些问题都需要研究解决。

为了帮助农民获得平等权利，需要取消专门针对农民的身份歧视，这是一种进步。而为了更有效地支援农业发展，需要识别农民的身份，这是更大的进步。看起来不在于要不要有身份的规定，而在于身份规定的经济含义是什么。需要作一种技术性的研究，在身份规定方面提出一个方案，与农村整体改革协调起来。笔者早已建议，国家应出台"注册农业经营者制度"，以解决这个问题。

居住证制度：长久制度还是权宜之计

户籍制度改革当然不是仅仅要解决一亿农业转移人口的进城问题。事实上，目前进入各类城市且没有在城市获得户籍登记的农业专业人口总量在三亿左右。他们中的大部分人目前没有居住在可以称为"合法标准居所"的房屋里。从长远看，我国的城市化率应达到80%左右，留在农村从事专业化农业的人口充其量一亿左右，再多就意味着农业现代化水平上不去，城乡差别无法消除。所以农业转移人口陆续进入各类城市，将是长期现象。

离家上千里，长期在大城市工作，但又没有能力购买城市住房的农民兼业者如何登记户籍？只要中国的"二元"经济结构不转化，农民的"候鸟式"兼业现象将不会消除。这个问题，单单靠城市管理是不可能解决的。如果我们的土地制度再作深入改革，劳资关系再作进一步调整，农民可以在土地市场上交易自己的财产权，辅以城市房价相对下降，这部分农业转移人口才能在城市买得起、住得起房屋，由"候鸟"变为"留鸟"。但完成这个转变需要较长的时间，且一定要尊重农民意愿。

目前，大城市政府暂时可以把部分农民兼业者看作"工作场所居住"的人，他们的户籍保留在原居住地，同时，他们的社会保障账户与纳税义务也归于原居住地。城市政府可以对这部分人口发给"居住证"。当然，城市政府需要对工作场所的居住条件予以规范，尽量解决务工者的困难。

新户籍制度时代：如何保护农民利益

按照新的改革意见，即使农业转移人口获得了城市户籍，他们的集体经济收益权、房屋及宅基地保有权与农地承包权都将予以保留。这个规定是必要的，正确的。没有这个规定，大部分农业转移人口宁愿继续实行旧的户籍制度。

今后的配套改革还是要本着"市场发挥决定性作用"的思路去推进。户籍制度改革除了人道主义的初衷以外，更有建立城乡统一的劳动力市场的改革意愿。但这只是市场化改革的一个方面，还必须相应地建立和完善土地要素市场与资本市场，特别是土地市场必须与劳动力市场相契合，市场经济才能较健康地运行。

建立土地市场的核心是产权改革。深化产权改革必须解放思想，必须下大力气推进。确立并维护农民的土地财产权对中国社会经济长远稳定发展具有战略意义，必须扎扎实实做到底，不能留下走回头路的空间。

改革的主导部门自己首先要更新观念。政府因确立和保护农民的土地财产权，看起来压缩了自己的权力空间，其实可以针对农民的土地使用权所产生的公共性问题，行使合理的干预权，以维持资源利用的公正性及经济的可持续发展。农民权利与政府公权之间完全可以找到和谐共生的具体路径。这个道理应广泛宣传，形成关于产权改革的全社会共识。同时，改革主导者也应坚决制止因维护个人或地方的一己私利而阻碍改革的行为。

这项改革越是彻底，建立城乡统一的劳动力市场这一户籍制度改革初衷才越可能完整实现。

以转型改革破题新型城镇化

迟福林

迟福林

研究员、博士生导师,中国人民政治协商会议第十一届全国委员会委员。享受国务院特殊津贴专家,海南省首批有突出贡献专家,2002年被中组部、中宣部、国家人事部和国家科学技术部联合授予"全国杰出专业技术人才荣誉称号";中国(海南)改革发展研究院院长,中国经济体制改革研究会副会长,海南省社会科学界联合会主席,北京大学、南京大学、浙江大学、东北大学、西南财经大学等重点大学的客座教授或特聘教授。

以转型改革破题新型城镇化

新型城镇化是我国经济社会发展的大战略。《国家新型城镇化规划（2014—2020年）》（以下简称《规划》）提出了未来7年我国城镇化发展的目标和任务。从实践看，推进新型城镇化关键是转型与改革。

未来5~10年，我国城镇化发展的特定背景将发生显著的变化，其突出特点就是新型城镇化发展与增长、转型、改革高度融合。比如说增长，不仅潜在增长率在下降，增长的条件也正在发生重大的变化。若继续走以做大GDP总量为主要目标、以工业和投资为主导的传统规模城镇化发展的道路，不仅难以走下去，而且也难以支撑未来10年的经济增长。这些年的改革实践说明，改变政府主导型经济增长方式，如果没有政治体制、经济体制、社会体制等全面改革的重大突破，实现增长转型是十分困难的。

从规模城镇化向人口城镇化转型

我国规模城镇化的突出缺陷，是城镇化率明显大于人口城镇化率。2013年，我国的名义城镇化率为53.7%，人口城镇化率仅为35%，低于2011年世界50%的人口城镇化的平均水平。在这种情况下，实现人的城镇化，首先要使人口城镇化率达到一定水平。没有较高的人口城镇化率，何谈人的城镇化。

未来5～10年，加快推进规模城镇化向人口城镇化转型，即以人口城镇化为主要载体、以政策和体制创新为重点，有效释放城镇化的内需潜力，争取到2020年基本形成人口城镇化的新格局，即人口城镇化率不低于50%。如果到2020年人口城镇化率仍然低于2011年世界的平均水平，那就是不成功的城镇化，也很难实现全面建成小康社会的发展目标。由此看来，《规划》制定的到2020年"户籍人口城镇化率达到45%左右"的目标显得保守。只要政策和体制创新到位，到2020年人口城镇化率有可能达到50%以上。

1. 人口城镇化的转型与改革牵动全局

（1）以人口城镇化拉动13亿人口的消费需求。人口城镇化的快速发展就是中等收入群体不断形成的过程。人口城镇化不仅使农民工有序进入城市，而且使进入城镇的人口以及在农村生活的居民中的一部分能够逐步成为中等收入群体倍增的后备力量。预计到2020年，我国中等收入群体将达到40%左右，大约有6亿人成为中等收入群体，将成为拉动内需、扩大消费的主体力量。

（2）以人口城镇化推进投资转型。从现实情况看，投资结构远不适应人口城镇化转型的需求。为此，不断加大公益性项目投资和消费供给能力的投资，推动投资结构的转型，以实现投资——消费的动态平衡。以文化产业投资需求为例，要实现我国文化产业增加值占GDP的比重由2012年3.5%提高到2020年8%的目标，估计需要累计投资20万亿元左右。再以城镇的公用设施投资为例，到2020年，城市内部的轨道交通至少有3万亿元的投资需求；供气系统大概有4.4万亿元的投资需求。

（3）以人口城镇化促进服务业发展。我国城镇化主要是工业推动的城镇化。进入工业化中后期，随着发展需求的变化，工业化拉动的城镇化有逐步减速的趋势，而消费结构升级拉动的城镇化有加快的大趋势。人口聚集到一定程度就需要有好的消费环境、好的发展环境，需要相适应的教育、医疗、商业、贸易、物流等。从人口城镇化的基本需求来看，毫无疑问对服务业发展提出了更高的要求。为此，要加快实现由工业主导向服务业主导的转变。

2. 以人口城镇化破题人的城镇化

城镇化的本质是农民进入城市，既实现劳动力的城镇化，也同步实现进城农民及家属生活方式和消费方式的城镇化，使他们真正融入城市。今天，推进新型城镇化，必须突出以人为核心，实现公平可持续的城镇化。只有做好人口城镇化才能走向人的城镇化，我国的城镇化才能转型升级，就是说，未来几年推进人口城镇化是关键。

3. 人口城镇化重在实现农民工市民化

农民工市民化的过程，实质上是基本公共服务均等化的过程。农民工子女入学难表面是教育问题，实际上反映出社会的鸿沟。我认为，到2020年让农民工成为历史是一个可以实现的目标。有专家建议，以农民工整体融入城市公共服务体系为核心，推动农民工"个人融入企业、子女融入学校、家庭融入社区、群体融入社会"，即实现"四个融入"，以实现基本公共服务对农民工全覆盖。这不仅有利于经济社会稳定发展，而且由此赢得转型发展的主动权。

4. 创造条件让传统户籍制度退出历史舞台

农民工市民化，首先遇到的难题是城乡二元分割的户籍制度。户籍制度承载着城乡居民的福利不平等和权利不平等。一般的改革创新是不够的，需要创造条件，逐步取消。现在，解决城乡一元户籍制度的条件已经成熟。实现农民工市民化，流动人口的管理是城市管理最大的难题。不能人在城里工作但还是农民工，这种制度歧视需要尽快结束。人口在城乡、区域流动是经济社会发展的一个自然现象。人口流动可以有效带动资源、资本、机会和信息的流动，增强市场活力。

从人口城镇化到人的城镇化的转型

要实现到2020年人口城镇化率达到50%，最终实现人的城镇化的发展目标，有两个问题很重要：一是从城乡二元的基本公共服务制度到城乡一元的基本公共服务制度安排，实现城乡基本公共服务对接；二是从按行政级别配置公共资源到以人口规模为基准配置公共资源，加快大中小城市公共资源配置均等化进程。

1. 建立城乡统一的基本公共服务体制

十八大报告提出，到2020年总体实现城乡基本公共服务均等化。从现实情况看，由于公共服务制度安排不同，城市和农村的公共服务水平和实际收入差距进一步拉大。根据中国社科院发布的 2014 年《社会蓝皮书》，2012 年，城镇职工人均养老金水平已达 2.09 万元，新农保为 859.15 元，两者相差 24 倍之多。2013 年城乡居民收入差距是 3.03:1，比过去有所缩小，但是如果把公共服务的因素算进去，可能实际收入差距在 4.5～5 倍左右。为此，推进城乡基本公共服务均等化首先要实现制度上的统一，在此基础上，实现底线水平上大致相当。这样，人的城镇化才有基本条件。

2. 推进公共资源配置均等化

从我国现实情况看，公共资源配置不均成为中小城市和小城镇发展严重滞后的突出因素。当前的公共资源配置是按行政级别而非按照人口规模配置，公共财政投入倾向于行政级别高的城市，中小城市财政投入少。

如何推进公共资源在大中小城市均衡配置，使得中小城镇能够有能力、有条件吸引一部分农民工就业居住。我提五点建议：一是根据人口规模配置公共资源；二是改革财税体制，把大中小城镇公共资源配置均等化作为中央地方财税体制改革的重点之一；三是推进行政区划体制改革；四是推进公共资源配置的市场化改革，发挥社会资本在中小城镇公共资源配置中的重要作用；五是重点改善中小城镇的公共基础设施。

让农民带着土地财产权进城

以转型与改革破题新型城镇化，毫无疑问是和农村土地连在一起的。农村土地问题不破题，要实现人口城镇化是很困难的。

1. 农民土地使用权是物权，还是债权？

近年来，城镇化中暴露出来的农村土地问题，与法律尚未赋予农地使用权完整的物权性质直接相关：例如，农村征地强拆、补偿标准过低等问题，深层次的原因在于农地实际上为债权而非物权，农民难以成为征地中的谈判主体；由于农地和宅基地的物权性质不完整，农民难以通过承包地和宅基地流转，带着资本进城。建议尽快修改相关法律法规，赋予农村土地使用权以物权性质，使农民真正从法律上享有支配土地使用权的权利。

2. 能不能尽快从法律上赋予农民长期而有保障的土地财产权？

十三届三中全会《决定》提出"赋予农民更多财产权利"。土地权益是农民最大的财产权，赋予农民更多财产权重在保障农民的土地权益，从法律上把农民土地使用权纳入财产保护范畴。

3. 市场应不应该在农村土地资源配置中起决定性作用？

这是近段时期争论相当激烈的一个问题。我认为，农村土地资源配置虽然具有一定的特殊性，但中央提出建立城乡统一的土地市场，目的就是让市场在农村土地资源配置中发挥决定性作用。农村存在的各种土地乱象，主要是土地规划和土地用途没有管住、管好。农村土地制度改革很复杂，也很敏感，但不能以此为由不去主动推动，而应积极组织试点。为此建议，在严格规划管制和用途管制的前提下，发挥市场在农村土地资源配置中的决定性作用。

4. 农村土地市场化改革的基本目标是不是实现城市用地和农村集体经营性建设用地市场的统一？

为什么城市居民房子有产权证，可以买卖、抵押，而农民祖祖辈辈留下的房子却没有房产证，也不能上市交易。同是公有制，城市的土地是国有，农村的土地是集体所有，但二者所具有的法律内涵却相差很大，核心仍是城乡二元分割。按照十八届三中全会《决定》提出的"建立城乡统一的建设用地市场"的要求，应当尽快出台具体的实施方案，以严格规划和用途管制为前提，建立公开、公正、公平的统一交易平台和交易规则，实现"同地同权、同地同价、同地同市场"，打破目前地方政府独家垄断供地的格局，活跃土地二级市场，促进土地抵押、租赁、出让市场的发展和完善。

5. 关键是不是相信农民？

在农村土地资源配置的市场化改革中，关键是相信农民。只要把土地使用权作为物权交给农民，农民就会有自觉的行动，会有中长期的行动，而不会轻易放弃土地。

最后，综合概括为三句话：一是以规模扩张为主要特点的城镇化道路难以为继，要以公平可持续发展为基本目标来推进新型城镇化。二是人口城镇化是发展转型的最大红利。未来5～10年，以人口城镇化为支撑，推进转型与改革，充分释放国内巨大的需求潜力，推动经济结构转型升级，形成我国转型发展的突出优势和主要动力，并由此支撑7%左右的中速增长。三是推进人口城镇化的转型与改革，关键在打破城乡二元制度结构，建立城乡一体化的体制机制。

推进我国新型城镇化

李佐军

李佐军

国务院发展研究中心资源与环境政策研究所副所长，经济学博士，博士生导师，研究员，著名经济学家，人本发展理论创立者，华中科技大学、湖南大学等校兼职教授，同时兼任多个学术团体职务，被多个地方政府聘为顾问或首席经济学家。博士师从我国权威经济学家吴敬琏研究员，硕士师从国际著名经济学家、发展经济学奠基人张培刚教授。

我国城镇化正处于一个重要的历史关口

改革开放以来,我国城镇化取得了显著成效,主要表现在以下四个方面:

一是城镇化水平或者说城镇化率得到了大幅提高。30多年来,我国城镇化水平从1978年的17.92%提高到2011年的51.27%,共提高了30多个百分点,平均每年以1个百分点左右的速度在提高。总体来看,提高的速度是较快的。

二是已经初步形成了较完整的城镇体系。如形成了北、上、广、深等一批特大型城市、以省会城市和地级市为主体的大型城市、一大批中小城市以及两万多个小城镇,形成了一个层次多、覆盖面广的较完整的城镇网络体系。

三是许多城市的城市功能得到了完善和提升。改革开放初期,我国很多城市的功能都很初级,有些城市内部的生产生活服务功能很不完善。经过30多年城镇化的高速推进,我国大多数城市的功能得以改善,尤其是城市的科技、教育、文化、医疗服务、金融、物流、信息、市场交易等各个方面的功能都得到了完善和提升。

四是一部分城市的质量有明显提高。包括城市规划水平、基础设施建设水平、信息化水平、城市人口素质、城市生活质量等反映城市质量的方面都得到了明显提升。

目前，我国城镇化正进入一个新的发展阶段，面临新的重大抉择。根据国际经验，当一个国家或地区的城镇化水平达到30%～70%时即属于城镇化加速阶段。2011年我国城镇化率是51.27%，正处于加速阶段上半场向下半场转折的阶段。城镇化上半场是量的扩张阶段，是比较粗放的发展阶段。到了城镇化下半场，尽管今后一二十年我国城镇化仍将快速推进，但速度可能比过去要慢些，因为已过渡到质量提升阶段。城镇化质量提升阶段最重要的任务是要解决进城农民如何变成现代新市民、共享现代城市文明的问题，同时还要提高城市的规划和建设水平等。

在城镇化转折的关键时期，我们面临城镇化道路的选择问题：是继续沿着过去粗放的城镇化道路前行，还是走出一条新的城镇化道路？在这个选择的历史关口，如果我们选择错误的话，今后将付出比较大的代价；如果选择正确的话，一方面可以使城镇化继续向前健康推进，另一方面可以逐步纠正过去在城镇化发展过程中出现的一系列问题。

推进城镇化对我国经济社会发展意义重大

城镇化的意义是显而易见的，主要有以下几个方面：

第一，推进城镇化是扩大内需的重要途径。目前，我国正面临扩大内需的艰巨任务。如何扩大内需？最根本的就是要提高广大老百姓的就业水平、收入水平和消费能力。要达到这个目标有很多路径，其中一个具有很大潜力的路径就是推进城镇化。因为城镇化水平的提高，意味着越来越多的农民进入到城市，其收入水平、消费能力就会随之大幅提高。比如一个农民过去在农村从事农业生产一年的收入可能只有2000～3000元，转移到城市非农产业就业后年收入可能提高到8000元甚至1万元以上。这样，其消费能力也相应大幅提高。一个农民如此，千百万个农民的转移，就意味着我国内需的大幅提高。当然，这是一个最简单的计算，如果考虑到一些连带影响，城镇化对扩大内需的贡献就更大。城镇化不光增加消费需求，还增加基础设施建设等投资需求。城镇化过程也是一个新产业不断成长的过程，特别是服务业不断成长的过程，增加产业投资需求。城镇化还会产生聚集效应，形成很多相互需求。

第二，推进城镇化是广大农民共享现代城市文明的必然途径。我国是一个农业大国，现在仍然还有6亿多农民生活在农村。根据现代化的一般规律，大多数农民要逐步进入到城市，共享现代城市文明。推进城镇化最核心的意义就是要把农民变成市民，不断提高城市人口在整个人口上的比重。实际上，这个过程就是广大农民不断共享现代城市文明的过程。农民不断共享现代城市文明的过程，也是我国现代化不断推进的过程，及我国国民素质和生活水平不断提高的过程。

第三，推进城镇化是促进工业化或产业发展的重要手段。任何产业的发展都是在特定空间上进行的。不同的空间会产生不同的效益。产业和企业若分散在村村寨寨，就难以获得聚集效应、规模经济和范围经济；如果转移到城市，就可以共享基础设施和公共服务，获得聚集效应、规模经济和范围经济，就可以大大提高企业效益和产业竞争力。所以，城镇化是促进工业化或产业发展的一个重要路径。

第四，推进城镇化也能促进农业的现代化。长期以来，我国农业都是自给自足的小农经济，效率不高，所以农村比较落后，农民比较贫穷。要想改变这种状况，关键是要推进农业现代化，而农业现代化的前提是土地要进行适度规模化经营，产生规模经济。这就要求把农村剩余劳动力转移出来。如何转移？出路就是推进人口的城镇化。所以城镇化能为农业现代化创造条件。

第五，推进城镇化还可以促进市场经济的发展。城市不能自给自足，其生存与发展必须建立在分工协作基础上，而分工协作必须通过市场交易来保障。而市场交易的不断扩大，也就是市场范围的不断扩大和市场经济不断发育的过程。所以，推进城镇化，实际上也是促进市场发育、扩大市场范围、培育市场经济的过程。

第六，推进城镇化可以促进基础设施建设。推进城镇化，必然导致很多新的城市、新的城区不断产生，需要建设很多交通、通信等基础设施，将不同城市之间、城市与农村之间连接起来。所以，推进城镇化，也是促进基础设施建设的过程，而基础设施的大规模建设又促进了整个国民经济的发展。

我国城镇化发展过程中存在的主要问题

第一，"土地城镇化"快于"人口城镇化"。这是一个比较严重的问题。按理说，城镇化应该是人口城镇化的过程，也就是不断提高城市人口在整个人口中的比重，或者农民不断市民化的过程，这是城镇化的本质内容。土地城镇化只是人口城镇化的一个顺带结果。但是实际上，在过去我国推进城镇化过程中，土地城镇化却得到优先推进，而人口城镇化则相对滞后，原因在于我国独特的土地制度和财政制度等。地方政府通过征收土地来实现自己的利益，而没有相应使农民转移到城市，也没有给失地的农民以足够的补偿。

第二，"城市现代化"快于"人口城镇化"。很多地方在推进城镇化的过程中，往往将城镇化简单地理解为城镇建设，即将所在城市或城镇建得更漂亮一点、楼盖得更高一点、马路建得更宽阔一点，而城市建漂亮后又不鼓励农民进城甚至阻碍农民进城，以维护现有城市居民的利益，这样的城镇化不是真正意义上的城镇化，只能说是现有城市本身的现代化，真正的城镇化一定是让农民进城的城镇化。所以，我们看到的情况经常是，很多城市花了很多钱进行建设，但没有真正吸纳多少农民进城。

第三，对"城市病"的重视超过对"农村病"的重视。实际上，我国不仅有城市病，比如交通拥挤、城市污染等，也有农村病，其主要表现是农村贫穷，以及农村基础设施不完善，生活条件较差，同时农村环境污染也在加重。其实，城市病和农村病都要高度重视和加以解决。但是有些地方，重视解决城市病，而忽视对农村病的解决。甚至有些地方在治理城市病的过程中，反而加剧了农村病，比如将城市污染转移到农村。

第四，在推进城镇化过程中出现了一种不合理的"经营城市"倾向。经营城市的核心内容是经营土地，通过土地增值来实现政府的利益和政绩。其实，政府是不能搞经营的，政府的主要职责应是进行社会管理，为企业和居民创造良好的生产和生活环境。

第五，许多城市的建设和发展缺乏特色。在城镇化过程中，很多城市没有根据自身的优势和独特资源禀赋，形成自己的特色定位、特色产业和特色品牌，出现了"千城一面"的情况。原因是很多地方在城市规划中，忽视定位规划、产业规划、品牌规划等软规划，而只重视总体规划和建设规划等硬规划。

第六，城镇发展中普遍存在高消耗和高污染问题。在快速城镇化过程中，消耗了较多的土地等资源，破坏了生态环境。环保部数据显示，我国90%的城市地下水不同程度地遭受到有机和无机有毒有害污染物的污染。城镇化率每上升1个百分点，会导致工业废气排放增加超过1个百分点。60%以上的大中城市陷入垃圾包围之中，县城垃圾的处理问题也日益突出。

第七，城市等级制度导致城镇体系结构不合理。与国外的城市自治制度不同，我国城市是分等级的，有直辖市、副省级城市、地级市、县级市等，级别较高的城市可以剥夺等级较低的城市，级别较高城市往往权力大、责任小，级别较低城市则责任大、权力小。行政区划使得城市布局不是按经济规律进行分布，形成不了合理的城镇体系。

我国应该走"新型城镇化"道路

前面已经说过，我国目前城镇化正处于一个重要的历史关口，面临城镇化道路的选择问题。究竟是沿着过去的城镇化道路继续往前走，还是在吸取过去城镇化道路经验教训的基础之上，根据新形势的新需要，走一条新的城镇化道路。我认为，毫无疑问，我国应该走新的城镇化道路，可以把它概括为"新型城镇化"道路。

那么,新型城镇化的具体内容有哪些呢?我认为有如下六个方面的内容:

一是人本城镇化。所谓人本城镇化,就是让农民进城,将农民真正变成新市民的城镇化,或者是不断提高城市人口在整个人口比重的城镇化。要想推进人本城镇化,必须要站在进城农民的角度,解决农民进城面临的一系列体制机制障碍,让他们真正成为现代新市民,共享现代城市文明。

二是城乡协调城镇化。即在推进人口城镇化的过程中,同时推进农村的现代化,形成城乡协同发展、公平竞争的城镇化。避免出现因城镇化导致农村衰败的情况,也不要出现为了建设新农村而在每个村落撒胡椒面式地建设新农村的情况,应该选择一些条件较好、未来发展潜力较大的中心村进行重点建设,把分散的农民引导到这些中心村来居住。把这些中心村的基础设施、公共服务设施建设好,使新农村的农民与城市市民一样能享受到差不多的基础设施、公共服务和生活水平。

三是特色品牌城镇化。每一个城市(包括小城镇)都要有自己的特色定位,重点发展特色优势产业,形成特色品牌,尽量做到"一城一品"或"一镇一品"。要让人一想到某个城市就想到某个品牌,一想到某个品牌就想到某个城市。培育特色品牌既可提高一个城市的竞争力,也能扩大其影响力。

四是绿色低碳城镇化。在推进城镇化过程中,一定要高度重视资源节约、环境友好的问题。要节约利用土地资源,集约利用各种生产要素;要加强节能,减少二氧化碳排放;要减少对现有生态环境的破坏,大力搞好植树造林,加强生态环境的修复和保护。

五是集群城镇化。不仅产业有集群问题，城镇也有集群问题。城镇集群就是要使不同的城镇之间形成合理的分工协作关系，相互错位发展，实现互利互赢，形成城镇体系的整体竞争力。城镇集群具体表现为城市带，城市群，城市圈等城市分布形态。

六是市场城镇化。尽管政府在城镇化中可以发挥一定程度的引导作用，但绝不能替代市场的基础性作用。城镇化首先是一个自然的发展过程，政府不能过度作为，要充分发挥市场的基础性作用，发挥农民、市民、企业在城镇化中的主体作用。

推进我国"新型城镇化"的战略思路

推进新型城镇化是一个系统工程，需要我们有宽广的视野和长远的战略眼光，需要厘清思路，采取一系列战略措施，可以概括为"规划引领、产业支撑、品牌塑造、集群创新、开放协作"。

第一，规划引领。在推进城镇化过程中，要高度重视规划的引领作用，要加快制定全国的城镇化发展战略规划、城镇体系规划、大区域城镇群规划，以及各个城市的发展战略规划（概念规划）、经济社会发展规划、土地利用规划、总体规划、建设规划、产业规划、环境规划等。要做好各层次规划的协调衔接和落实。

第二，产业支撑。城镇化要靠产业来支撑，要建立在工业化的基础上。没有产业支撑或工业化的城镇化必定是空心的，畸形的，不可持续的。所以每一个城镇都必须重视产业发展，发展特色优势产业，形成合理的现代产业体系。

第三，品牌塑造。在城镇化过程中，每个城市都要塑造自己独特的区域品牌、产业品牌、产品品牌、企业家品牌和园区品牌等,形成独特的品牌体系。通过品牌来提高附加值,提升城市竞争力。塑造城市品牌包括设计城市精神,宣传口号,节会活动,城市标识等。

第四,集群创新。通过推进城市的集群发展,形成分工协作的城市网络体系。同时,在分工协作中,每个城市要突出自己的特色,创新发展思路,推进城市制度创新、发展模式创新、技术创新、产业产品创新等。通过这些创新提升城市的竞争力和城市的品质。

第五,开放协作。每个城市要有开放的视野和思维,积极主动参与经济全球化竞争,参与产业链的国际分工协作,分享全球分工协作的好处。只有参与国际分工协作,城市才能在国际分工体系中占有一席之地,才能不断提升自己的国际竞争力。

通过改革推进我国的"新型城镇化"

我认为,要想真正推进新型城镇化,必须注重制度的设计,或者体制机制设计。如果不进行制度创新,可能还会回到过去那种城镇化发展道路和模式上去。所以,要想推进新型城镇化,必须通过改革。具体来说,要采取以下几个方面的改革举措:

第一,要强调市场在城镇化中的基础性作用。通过市场的引导,促进各种层级、各种规模的城市发展。有人说,城镇化要以大城市为主,或以中等城市为主,或以县城为主,或以小城镇为主,我认为这都是不科学的。各种类型,各种规模的城市应该是市场自发调节的结果。需要警惕政府在城镇化过程中的过度作为,以避免政府扭曲城镇化进程或拔苗助长推进城镇化。

第二，加快推进户籍制度改革，消除农民进城的身份障碍。城镇化是农村人口进城的过程，农民进城首先面临的问题就是户籍问题。过去我们实施城乡二元户籍制度，使得农民面临比较大的制度障碍，所以我们必须加快户籍制度改革。要按照国际通行做法，逐步建立以身份证管理为核心的人口流动制度，以居住地来划分城市人口和农业人口，以职业划分农业人口和非农业人口，使城乡公民在户籍上完全平等。

第三，推进劳动就业制度改革，消除农民进城的就业障碍。稳定的就业才能使进城农民不至于再次返回农村，才能有效推进城镇化进程。所以必须打破城市的保护主义，取消严格限制农民工就业范围的歧视性政策，促进城市机关和企事业单位改革僵化的用人制度和人事制度，按照公平、公开、公正的原则，招聘包括农民在内的各类人才。取消农民外出务工许可证、流动就业证制度，归还、赋予和保护农民自由择业的权利，保障农民工的劳动权益，保障农民工享有与当地居民同等的福利保障待遇和公民权利。同时，把就业培训和就业指导推广到城乡所有劳动者，加快城乡就业信息网络的建设，建立全国性的农村剩余劳动力供求信息中心，促进全国统一劳动力市场的形成。

第四，深化土地制度改革，消除农民进城的产权障碍。如果农民在农村的土地不能顺利流转、土地权益不能得到充分保障的话，城镇化是很难顺利推进的。只有解决这个问题，农民进城才没有后顾之忧，否则，农民可能变成"两栖公民"，一会儿在农村，一会儿在城市。所以要深化土地制度改革，改革的方向是农民要获得永久的土地使用权，甚至部分土地所有权。要让农民土地尽快流转起来，使土地作为一种生产要素，与其他生产要素一起优化配置。要促使进城农民以合理价格转让土地，获得应有的土地权益，增加农民进城创业的启动资本。同时也要推进城市土地制度改革，尽快建立城乡统一土地制度。

第五，加快福利保障制度改革，消除农民进城的利益障碍。过去，我国实行城乡二元的福利保障制度，使得农民进城面临极大的障碍。尽管农民进城了，但不能获得与城市居民同等的福利保障待遇。所以，要解决这个问题就必须加快建立全国统一的福利保障制度，解决过去长期存在的城乡二元福利保障制度，逐步消除城市市民享有的福利保障特权，大力推进城市包括房地产、医疗、养老等在内的各方面制度改革，让农民也回到福利保障的大家庭中来。当然，建立全国统一的福利保障制度肯定需要一个过程，现阶段可以考虑先逐步建立起一种既符合社会保障发展趋势又符合当前国情的、过渡性的、能使城乡社会保障有机衔接的社会保障制度。也可以考虑从农村土地增值收益中拿出一部分来，建立农民进城的保险基金。

第六，改革投融资体制，形成新的城市建设扩张机制。要改变城市公共基础设施建设单一靠政府财政投入的老办法，要向政府投资、社会集资、企业投资、居民入资、国外引资等多渠道发展。也就是说，要使国家建成、居民享受的政府单元投资体制，变成政府、企业、居民多元投资体制。通过政策的引导，提高政府、企业、社会和个人共同参与城市建设的积极性，鼓励大企业以市场运作的方式参与城市建设，也可以考虑将部分的城市基础设施逐步进行商品化、市场化运作。通过城市建设体制的改革，逐步改变建城收益小于建城成本或者政府投资得不偿失的不均衡状态，以逐步缓解城镇居民增加和城镇基础设施不够的矛盾，消除政府对城镇人口增加的恐惧，形成正常的城市建设扩张机制。

第七，改革政府行政管理体制。政府行政管理体制改革除了转变政府职能、精简政府机构和人员外，还要改革城市等级管理体制。近期至少要将城镇等级适当减少，如对"市管县"体制加快进行改革。同时，对行政区划体制进行改革，为按经济规律调整城市体系结构创造条件。

第八，尽快建立有利于城市节能减排的制度。要推进绿色低碳城镇化，就必须尽快建立起有利于城市节能减排的制度，比如碳交易制度、污染排放交易制度等。

只有城市化能够救中国

王建

王建

　　研究员，国务院授予的"国家级有特殊贡献的专家"。1982年毕业于中央财政金融学院，同年到国家计委经济研究所工作。1993年任国家计委经济研究所副所长，1995年任国家计委中国宏观经济学会常务副秘书长。第六、第七届全国青联委员，曾获"中国首届经济改革人才奖"，并被评选为"1988中国十大杰出青年"。曾多次参与起草党中央、国务院的重要文件，多次在国家计委和国务院各部委获一、二、三等科技进步奖。

2014年二季度中国经济增长率提升到7.5%，与增长率相关的一系列指标，如制造业采购经理人指数（PMI）、工业生产者价格指数（PPI）和狭义货币量（M1）对广义货币量（M2）的比率等，也都显示了经济回暖的势头，这是令人高兴的事情。

　　但我还是要指出，这种回暖并不具有可持续的基础，因为造成回暖的主要动力是外需。国家统计局刚发布的数字清楚地表明，决定速度的主体产业——工业生产的增长率，6月份比5月份提升了0.4个百分点，而同期工业品出口交货值的增长大幅提升了3.3个百分点。从出口看，一季度下降3.4%，但从4月份起就转为正增长，6月份当月则大幅升至7.2%。相比投资却是从一季度的17.6%下行到上半年的17.3%，消费也只是从一季度的12%略升到12.1%。

　　复苏依靠外需，就要看外需是否能成为持续复苏的依靠，这完全没有可能，因为外需的复苏是建立在美日欧货币泡沫所创作的虚假需求上面。对这个问题已经无须反复论证了，只要看到，直到去年底，美国的工业比危机前只增长了1.2%，日本还低 18%，德国还低 0.5%，但同期美国股市却涨了超过 40%，日本超 50%，欧洲也是大涨，由此可见，发达国家的经济复苏是重归泡沫，而次债危机的爆发已经证明，是泡沫迟早会破，破就会破在明年这个时候。

无独有偶，中国目前的经济复苏，也是靠再次回复到次债危机爆发前的轨道，即还是必须先有外需的扩张，才有国内生产的增长空间。虽然人们早已认识到依赖外需的增长模式在今天已不可靠，虽然必须转向内需型增长的大调整方向早就被提出，但就是没有被认真实施，所以真正意义的结构调整直到今天并没有发生，这就酝酿着很大的风险，即如果美国的金融市场危机再度来袭，中国经济的再次大衰退就会跟着出现。

当然，6月份还有一个需求增长得也很快，那就是财政支出，当月的增长率高达 26.2%，相应的，6 月份的投资也从 5 月份的 16.9%，回升到 17.9% 的水平。但是当月财政收入中的第一大税种增值税却是负增长 4.5%，这就说明财政的扩张也缺乏可持续性。即便是可以搞赤字财政，但前一阶段"四万亿"的经验说明，靠政府保增长，两年后就保不住，更何况只有"微刺激"。

结构大调整被不断推迟，主要与以下三个模糊认识有关：

第一是认为经济下行具有合理性，是在向"长期内在增长率回归"，因为长期的"超常规"增长本来就不具有可持续性，因此所有关于"崩溃""危机"和"硬着陆"的说法都是杞人忧天。这种认识，首先是武断地否认了中国经济继续保持长期高增长的可能，认为其他国家没有出现过的事，在中国也不可能出现。但是这些人是否也看到了，9% 以上的增长率在中国改革开放以来已经持续了 30 多年，早就打破了国外仅能保持 10 年的纪录。而在过去这 30 多年中，中国又出现过多少世界上没有出现过的事？比如世界各国最高的钢产量都没有超过 2 亿吨，中国现在却超过 8 亿吨。

其次，凡是健康的经济增长都会具有合理的投资回报率，而这又是建立在合理的设备利用率水平上，美国战后近 70 年时间，设备利用率长期稳定在 85% 左右，经济增长率却在 20 世纪 70 年代完成工业化前后，经历了 6% 和 3% 这两个台阶。而中国目前的情况是，在 2011 年经济展开下行态势以来，就始终伴随着设备利用率的不断走低，已从 2007 年 90% 以上的高峰下滑到目前的接近 70%，这是生产过剩的典型标志。因此是生产过剩在迫使经济增长率不断下行，而过剩持续严重，终将会引发生产过剩危机。所以速度的持续下滑趋势，不仅不具有合理性，还具有极大的危险性，如果继续用这样似是而非的道理麻痹自己，只会耽误调整的时机。

我并不同意用"崩溃"、"硬着陆"这些说法来描述中国经济目前面临的问题。抛开有些人恶意唱衰中国的险恶用心不说，这些词汇都不是对目前中国经济矛盾的准确描述，所以还是用生产过剩危机来描述才更具分析问题的价值。如果是用危机的观点分析，战后很多学者都同意如果经济增长率从高峰下跌一半，并且设备利用率下跌到 75% 以下，就是爆发了危机。在世界进入虚拟资本主义时代的今天，生产过剩危机的性质和形态都发生了一些变化，我认为如果用增长率下降到长期平均增长率一半以下就是进入了危机状态，可能更为合适。对今天的中国来说，那就是经济增长率下跌到 5% 以下，就可以认为是进入了危机。从 2008 年的经验看，在国际危机爆发时，中国经济增长率也会突然下降一半，比如从 2008 年的 11.3% 猛然下跌到 2009 年一季度的 6.6%，所以也需要警惕，如果明年国际金融危机再度来袭，中国某个季度的增长率可能会突然跌到4%以下。

第二是认为资产泡沫的严重性大于实体经济，所以把防范风险的重点更多集中在地产和金融领域。去年以来房价开始下跌，目前已扩大到八成主要城市，即使在北上广这些一线大城市，房屋销售也明显萎缩。在过去三年的经济下行中，只有房地产投资增长还明显高出投资平均增长率，是经济中唯一保持活力的领域，但是到目前阶段，这个最后支撑住增长的柱子，也慢慢倒了下来。由于高达几十万亿元的社会融资，至少有六成以上是围绕房地产发生，房产泡沫破裂又会导致金融市场动荡，所以各方面对房地产泡沫破灭与金融市场危机的担心，目前就高涨起来。

我想说的是，凡是世界上已经发生过的大的资产泡沫危机，在爆发之前无一例外都是出现了实体产业的生产过剩矛盾，因此都是实体产业的资本没有出路，才大规模向虚拟经济领域转移，才催生出资产泡沫。比如1929年到1933年的大危机，就是因为美国的生产过剩日益严重，才催生了股市泡沫；日本1990年资产泡沫危机爆发前，是因为"广场协定"逼迫日元升值，日本的产业资本继续出口没有钱赚，才涌向了地产和股市领域；次债危机爆发前，则是出现了新全球化浪潮，中国这样的发展中国家加入世界贸易体系，使发达国家的实体经济失去了竞争力，才大规模转向虚拟经济领域。

在今天的中国就可以看得更清楚，是美国次债危机爆发后，中断了中国的外需，导致国内产能突然剩余，由此引起了产业资本向制造业之外的赚钱领域转移，或者是去炒房，或者是去炒社会融资等。所以看似资产泡沫危机，实则是实体产业危机，从这个角度说，要想化解资产泡沫危机，不从化解实体经济危机入手，就是"扬汤止沸"，越化解越严重。

必须看到，在次债危机爆发后中国与发达国家虽然同时陷入危机，但危机的性质是根本不同的。在发达国家是生产不足，而在中国却是生产过剩。发达国家之所以把救市措施高度集中于增发货币，是因为推动新全球化的因素至今仍存在，发达国家想走回"再工业化"的路子已无可能，因此只能靠增发货币创造需求泡沫，增长也只能是需求的增长，正是因为这种虚拟经济相对于实体经济再度膨胀的趋势，才构成了发达国家必然是在走向下一场危机的格局。但是中国不一样，中国存在着严重的二元结构，城市化严重滞后导致了人口的主体仍处在低收入、低消费阶段，这就给中国的实体经济增长保留了巨大的后续增长空间。所以，中国完全没必要学西方国家那样，主要依靠货币政策来解决目前的矛盾，而是应该尽快转入以城市化为主要方向的结构大调整。

第三是认为不能依靠消费拉动增长。反对增加消费的人说，不能忘了投资是增长的源泉，这话当然没错，但还有一条理论叫经济发展必须按比例，如果投资过度而消费不足，就会有生产过剩危机。

不说理论说实践，1978年中国改革开放之初曾进行过一场大调整，就是针对当时积累率过高的情况，提出了要压低积累，提高消费的基本任务。从1979年到1981年，中国经历了3年投资原地踏步，即3年投资没有增长，积累率从1978年的36.5%，被压低到1981年的28.1%，社会消费则从1978年的1559亿元增加到1981年的2350亿元。用今天的口径来说，就是资本形成率从1978年的38.2%压低到1981年的32.5%，而直到1993年邓小平南巡讲话带来了增长高潮，资本形成率才超过了1978年的水平。

在这长达14年对积累与消费比例的调整中，中国的经济增长率平均高达9.4%，如果没有这种调整，又哪来的经济高增长与人民群众对改革开放的真心拥护呢？所以，那种认为储蓄与投资比率只能升不能降的道理，在理论与现实中都是说不过去的。许多人没有经历过改革开放初期的那个阶段，不了解这段历史这能理解，可惜的是许多人经历过却淡忘了。

储蓄率过高就要压储蓄上消费，而继续上投资就会加重生产过剩，这是非常朴素的道理。当然提升消费比例并不是动员人们花光所有储蓄那么简单，而是要通过推动城市化，创造出把农村低收入人口转变成城市高收入人口的条件。这是真正的结构调整，要进行这样的调整还是要靠投资，但这类投资首先不是用在扩大产能，而是用在为农民转变成市民所必须的条件，用过去的话说，就是要更多地搞一些非生产性建设。

总之，判断中国是否有了持续稳定增长的基础，还是要看是否展开了以城市化为中心的结构大调整，因为只有城市化能够救中国。

第六篇
财税体制与金融改革方向

新预算法将引领国家治理现代化

辜胜阻

辜胜阻

经济学博士、经济学家。现任中华人民共和国第十二届全国人民代表大会常委、第十二届全国人民代表大会财政经济委员会副主任委员，民建中央副主席，武汉大学战略管理研究院院长。兼任国家教育咨询委员会委员，中国软科学研究会副理事长，教育部科技委管理学部委员，国家自然科学基金管理科学部评审专家，清华大学、北京大学、中国人民大学、北京师范大学等高校和中国社会科学院兼职教授及博士生导师。

十八届三中全会《决定》中指出"财政是国家治理的基础和重要支柱，科学的财税体制是优化资源配置、维护市场统一、促进社会公平、实现国家长治久安的制度保障"。在全面深化改革的背景下，新预算法的实施承担着推进我国国家治理体系和治理能力现代化的重大使命与责任。

预算制度是现代国家治理体系的重中之重，关乎民生福祉，牵一发而动全身。预算法被称为"经济宪法"，其修订过程一直备受社会各界关注。全国人大统计的数据显示，在一审、二审之后，全国人大就审议稿向社会公开征求意见，二审稿收到了近33万条意见，超过个税修正案创下的23万多条意见的纪录。

新预算法呈现诸多亮点：

一是立法宗旨的突破，从"健全国家对预算的管理"到"规范政府收支行为"，凸显预算法从管理法向控权法转变。原预算法的立法目标为"强化预算的分配和监督职能，健全国家对预算的管理"，带有鲜明的计划经济特色，这种强化政府管理权力的管理型预算已经与当今时代的新形势严重脱节。新预算法明确提出"规范政府收支行为"的立法宗旨，建立规范和制衡政府收支行为的法治型预算制度，这表明新预算法更强调约束政府预算行为的手段，由此实现了预算法从管理法向控权法的转变。同时新预算法把原来规定中的"加强国家宏观调控"等内容去掉，进一步明确新预算法的功能在于控制、约束政府的预算权，监督政府如何"花钱"，"让权力在阳光下运行"，实现国家分配公共资源的制度化、规范化、程序化。

二是实行"全口径预算"，把政府的全部收支纳入预算范围。在原预算法框架下，政府的收支只有一部分在法律的笼子里，存在大量游离于监管外的各级政府的"第二财政"，这部分"小金库"成为了法外之地和滋生腐败的温床。对此新预算法明确规定了"政府的全部收入和支出都应当纳入预算"，并具体指出"预算包括一般公共预算、政府性基金预算、国有资本经营预算、社会保险基金预算"等四项内容。这将把长期以来游离于监管外的收入纳入监管范围，有利于建立健全全口径预算管理体系，杜绝"小金库"腐败的可能性，维护法律的权威。

三是规定"预算全公开"，推进预算民主。预算法提出要"建立全面规范，公开透明的预算制度"，除涉及国家秘密的事项外，经批准的预算、预算调整、决算、预算执行情况的报告及报表，以及对于政府的举债情况的说明，应该在规定期限内由政府财政部门向全社会公开说明，对于预算执行和其他财政收支的审计报告也应向社会公开。预算公开是现代预算制度的本质特征，公开是监督的基础，通过预算公开制度保障人民群众对于财政预算的知悉权，强化公众对预算活动的监督，通过"晒预算"实现预算民主，建设阳光型政府。

四是完善预算审查、监督，明确预算责任，强化对预算的硬约束。新预算法规定各级人大要对本级预算、决算进行审查监督，并细化了审查的具体内容，对于重点支出和重大投资项目的预算安排和资金使用绩效也明确规定了审查要求。新预算法增加规定，各级人大预算审查的重点是：预算安排是否符合国民经济和社会发展的方针政策，收支政策是否可行，重点支出和重大投资项目的预算安排是否适当，对下级政府的转移性支出预算是否规范、适当等内容。

为确保收入预算从约束性转向预期性，新预算法要求各级预算收入的编制，应当与经济和社会发展水平相适应，与财政政策相衔接；各级政府不得向预算收入征收部门和单位下达收入指标。同时为了提高预算审查的效率，新预算法将两会前全国人大财经委初审中央预算草案时间从会前30天提前到45天，给审查以充分的时间，而对地方人大的预算审查，要采取多种形式广泛听取社会意见。这些具体化的修改强化了对预算监督审议的力度，有利于提高预算的科学性和民主性。

五是明确规范和完善转移支付制度。原预算法没有把转移支付纳入管理范围，导致当前转移支付存在大量的管理漏洞，引发了"跑部钱进"、资金滥用、滋生腐败等问题。新预算法明确提出要实行财政转移支付制度并着重细化了关于专项转移支付的相关规定，要求建立健全专项转移支付的"定期评估和退出机制"，凡市场竞争机制能有效调节的事项，"不得设立专项转移支付"。针对现存的下级政府配套资金压力过大问题，新预算法规定除上下级政府共同承担事项外，上级安排专项转移支付不得要求下级配套。新预算法明确了转移支付应该定位于推进基本公共服务的均等化，表明转移支付应该用于政府公共事业而非干预市场经济活动，要管住政府"闲不住的手"，进而有效减少腐败、寻租等问题的发生。

六是允许在严格控制风险的条件下，有限"开闸"地方举债。我国地方政府债务问题一直受到海内外的高度关注，是否允许地方政府举借债务一直是预算法修改的难点和焦点。当前，我国宏观经济面临整体的下行压力，财政收入增速放缓，而财政支出刚性较强，地方政府偿债压力进一步加大。2014年我国到期需偿还的地方政府负有偿还责任债务占债务总余额的21.89%，是偿债压力最重的一年。在这样的背景下，新预算法在严格控制风险的前提下放行地方政府举债，并规定除满足预算法规定外"地方政府及其所属部门不得以任何方式举借债务"，对于规范地方政府债务融资具有重要意义。

新预算法体现了为地方政府发债"开明渠，堵阴沟，建防火墙"的政策思路，在有限"开闸"的地方发债的同时，对地方政府发债做出了诸多具体规定，设置了"九道锁"，以严格防范债务风险的扩张。

一是举债的范围，仅预算中必须的建设投资资金可以在国务院确定的限额内通过发行地方政府债券来筹措；

二是举债的规模，需要国务院报全国人民代表大会及其常委会批准；

三是债务的管理方式，省、自治区、直辖市依照国务院下达的限额举借的债务，要列入本级预算调整方案，报本级人民代表大会常务委员会批准；

四是偿债的计划和资金，举借的债务要有偿还的计划和稳定偿还资金的来源；

五是有明确限定的用途，债务资金只能用于公益性资本性支出，而不能用于经常性支出；

六是要建立地方政府债务风险评估和预警机制、应急处置机制，对债务风险进行精准识别，处理好潜在风险；

七是问责机制，要防止地方政府违反预算法规定举债，处理好地方政府"新官不理旧账"、严重透支未来"吃子孙饭"等问题；

八是地方政府及其所属部门不得在法律规定之外举债，不得为任何单位和个人的债务以任何方式提供担保，防止出现地方政府举债开了"前门"却堵不住"后门"局面；

九是债务公开，实行阳光举债。

对于地方政府举债问题，一味地"堵"是不行的，而应该疏堵结合，构建以债券为主的地方政府负债融资机制和降低地方政府负债融资压力并行机制，借预算法修订的契机，多措并举，让地方政府举债合法化、规范化、有限化、阳光化，处理好当前地方政府债务中"黑箱"和"黑洞"的问题。

一要明确规定政府举债的债务上限，设立举借债务的"红线"，建立地方政府债务规模控制的综合指标体系，以一系列公开、公平的约束指标作为地方政府发债的前置条件。在指标设置上要充分考虑到我国作为发展中国家的特征，不仅要考虑到地方政府负债率、债务率等一些债务类指标，也要将一些反映经济增长需求的指标考虑在内。

二要加快编制政府资产负债表，建立起全口径的政府会计制度，寻求地方政府债务治理的平衡点，避免地方政府过度举债。要通过编制政府资产负债表，明确设计和执行地方政府的负债率、偿债率等指标，建立地方政府财政收入与债务之间的关联机制，将地方政府的债务规模控制在合理范围内。

三要进一步明确债务资金用途，并对不同类型的债务实行不同的管理办法。需要进一步明确新预算法中"公益性资本支出"的法律含义。同时，不同建设项目的收益情况可能不同，形成的债务对政府债务的偿还能力影响也不同，因而必须对用于不同收益项目的债券实行不同的管理办法。

四要将政府债务作为预算公开的重要组成部分，使地方政府债务在阳光下运行。要借新预算法强调预算公开的政策东风，着手建立完善的政府债务信息动态披露机制，让政府债务阳光化。要将地方政府债务投向作为信息披露的重要内容，让社会各界都能参与监督债务资金的运行情况。

五要建立地方政府债务风险预警及应急处置机制，制定一些高负债地区的应急预案，避免局部地区债务风险恶化为地方政府性债务危机。对于一些经济发展水平比较弱而又过度负债可能出现"偿付性危机"的地区，要在可控范围内实行"定点爆破"，避免风险叠加出现系统性风险。

六要坚持有所为、有所不为，积极利用政府与社会资本合作模式（PPP）分摊地方政府负债融资压力。在公共品领域，要推进基础设施和公共服务的公私合作伙伴模式，缓解地方政府单纯依靠财政投入带来的资金压力，从而降低地方政府的债务融资需求。

深化金融体制改革的方向和重点

郑新立

郑新立

著名经济学家。中共中央政策研究室原副主任，现任中国国际经济交流中心常务副理事长、中国工业经济学会会长、中国社会科学院研究生院政府政策系博士生导师、中国国际经济交流中心博士后工作站指导老师、国家信息中心博士后工作站指导老师。主要研究领域为宏观经济理论与政策。

金融体制改革需要搞好顶层设计，制订改革路线图。各项改革必须周密设计，精心测算，协调配套，同步推进。以利率市场化改革为例，仅仅放开贷款利率，仍然管住存款利率，就会导致利润流向金融企业，而工业企业的融资成本则急剧上升。这种助长虚拟经济膨胀，抑制实体经济发展的改革是不可取的。期盼全面深化金融体制改革的方案早日付诸实施。

党的十八届三中全会《中共中央关于全面深化改革若干重大问题的决定》（以下简称《决定》）提出，加快完善现代市场体系，发挥市场在资源配置中的决定性作用。金融是现代经济的核心，金融市场是现代市场体系的枢纽，发挥市场对资源配置的决定性作用，很大程度上取决于在金融资源的配置上能不能发挥市场的决定性作用，取决于有没有开放、竞争、有序的金融市场体系。从市场配置资源的实践来看，往往是资金配置到哪里，物资、技术、劳动力等生产要素就在哪里集聚，资金的配置在生产要素的配置中发挥着龙头作用。由于我国金融体制改革滞后，金融市场发育不充分，资金配置偏离市场规律，急需资金的企业特别是小微型企业和大量好的投资项目得不到资金支持，资金周转速度慢，配置效益低，资金成本高，加剧了经济结构的扭曲。改革金融体制，已成为当前整个经济体制改革迫切需要解决的问题。针对这一突出矛盾，《决定》指出了深化金融体制改革的方向、重点和具体措施，我们必须把自己的思想认识统一到《决定》精神上来，不折不扣地把《决定》提出的改革要求落到实处。

一、围绕降低企业贷款利率放宽金融准入

与发达国家相比，我国的资金价格是世界上最高的。2013年，我国一年期贷款利率是6.15%、美国是2.25%、德国是3%、日本是1%，我国资金价格是发达国家的2～6倍。今年以来，银行贷款利率又上浮60%。由于率先放开贷款利率，引发了银行的逐利行为，有的银行以8%的利率贷款给企业，要求企业在扣除利息之后将贷款以4%的利率再存入银行，同时银行给企业开一张承兑票据，企业凭承兑票据到银行自己办的理财公司贴现，贴现率为6%～8%，这样一来，企业实际拿到的贷款利率高达10%以上。去年上半年，全国前256个制造业企业的利润总额仅相当于前五位银行利润总额的46%。今年一季度，我国银行利润总额相当于全球银行利润总额的33%。我国银行业的净资产利润率比工业净资产利润率高1倍以上。

银行业的高额利润来自何处？主要来自垄断经营。长期以来，由于行业壁垒阻碍了资本的自由流动，直接导致各个行业之间资金利润率的悬殊差别。实现由市场决定资源配置，首先需要打破金融行业进入的壁垒。《决定》提出"允许具备条件

的民间资本发起设立中小型银行等金融机构",正是针对这一壁垒提出的改革举措,是对传统金融体制的重大突破。

长期以来,在放宽金融市场准入方面之所以迟迟未能取得进展,主要是担心新进入的金融企业素质不高、无序竞争以及监管不到位而引发金融风险。对此,《决定》提出了针对性的解决办法,包括"完善监管协调机制,界定中央和地方金融监管职责和风险处置责任"。对区域性中小型金融机构的监管,应交由地方政府负责。同时"建立存款保险制度,完善金融机构市场化退出机制"。按照《决定》要求,实施放宽准入的改革,必须与建立地方性监管机构和存款保险制度同步配套推进。

围绕降低企业融资成本,加快放宽金融准入的相关改革,意义十分重大。它不仅有利于增强我国企业的国际竞争力,而且有利于避免虚拟经济膨胀,支持实体经济发展,是落实市场决定资源配置原则的关键举措。发达市场经济国家的经验证明,允许企业在各个行业自由投资,打破垄断、强化竞争,使各个行业都能获得大体平均的资本利润率,是降低资金价格、提高资金配置效率的唯一有效途径。中国要改变长期以来贷款利率畸高的状况,也必须走这条路子。

二、围绕降低企业债务率发展多层次资本市场

当前,我国企业的债务率平均在80%左右,而合理的债务率应当保持在60%以下。提高企业资本金比例、降低企业负债水平,成为金融体制改革的又一个重要目标。必须按照《决定》要求,"健全多层次资本市场体系,推进股票发行注册制改革,多渠道推动股权融资,发展并规范债券市场,提高直接融资比

重"。

我国股票市场具有很大发展空间。目前股市总值相当于国内生产总值的比例仅为40％左右，而发达国家一般都在100％左右。造成股市长期低迷的根本原因，是股市制度建设落后。企业上市的目的不是为了提升企业价值，而是为了圈钱。对上市企业缺乏严格监管，企业经营信息透明度不高，甚至制造虚假业绩，欺骗投资者。投机商卷走了散户的钱财，极大地挫伤了股民的信心。

重振股市信心需要从健全和严格股市基础制度做起，要学习和借鉴包括中国香港在内的成熟股票市场的经验，建立股票发行注册制，替代目前的审批制，强化市场机制作用，还原股市优选企业、发现价格、筹集资本、利润分配四大功能。重点发展机构投资者，以专家理性投资代替散户盲目跟风投资。允许社保基金、保险基金、银行资金、国家投资公司等拿出一定比例的资金投入股市，以增加股市需求。

逐步开放国内股市，首先允许中国香港、澳门、台湾等地区企业来大陆上市，同时允许港澳台股民购买大陆股票；然后有序允许国外企业来国内上市，并允许国外合格机构和股民购买国内股票。以开放促改革、促发展，是一条成功的路子。在完善股市制度和发展股票市场上，可能也需要走这样一条路子。我国企业已成功在海外上市，允许海外企业和投资者来境内上市和投资，是双向对等开放的要求。随着海外优质企业进入境内股市，对境内企业将形成提升企业价值的压力，同时也有利于境内股民分享全球优秀企业的利润。因此，这项改革应加快进行。

要大力发展企业债券市场，允许居民直接购买企业债券。

为此，必须修改现行限制企业向居民直接发行债券的法律及司法解释。现行非法集资罪过于宽泛，实际上是用非法吸收公众存款罪来界定企业发行债券和私募基金，用间接融资的法律来规范直接融资行为，错误地扩大了间接融资法律的适用范围。这就混淆了两种融资方式的本质区别——间接融资主要靠银行信用吸收公众存款，追求的是稳定的回报和低风险；而直接融资追求的是较高的投资回报，需要投资者承担较大的风险。为此，应当把非法集资罪严格界定在非法吸收公众存款行为上，即不属于银行的法人行使银行的职能。对发行企业债券和私募基金的正常经济活动，只要经有关机构认证，具有发行资格，应视为正常的经营活动予以保护。目前，为了规避非法集资的约束，企业发行债券主要面向银行等金融机构，既限制了企业补充资本金的来源，又使广大居民失去了直接投资企业债券增加财产性收入的机会。根据《决定》精神修改非法集资罪及司法解释，扩大企业股权融资渠道，是势在必行的改革举措。

三、围绕防范和化解各类风险发展保险业

在银行业、证券业、保险业三大金融产业中，我国的证券业发展落后于银行业，而保险业的发展又落后于证券业。之所以出现这种状况，有其历史原因。在传统计划经济体制下，货币被看作是资产阶级法权的残余，列为逐步消灭的行列。在金融业中允许银行存在，只是起到社会簿记的作用。所以，改革之前中国的金融业只有银行，没有股票市场，也没有保险业。只是在改革开放后，我国证券业和保险业才逐步发展起来。由于发展时间短，各种制度不够健全，发展很不充分。目前我国

保费收入总额仅相当于国内生产总值的3%，而发达国家平均为8%，美国高达13%。有一个例子很说明问题：美国南部海滨城市发生台风海啸灾害，获得保险公司理赔的家庭占全部受灾家庭的50%；而我国发生汶川地震时得到保险公司理赔的比例仅为5%。所以，中国的保险业仍处于起步阶段。

保险是社会的安全网，建立发达的保险业是维护社会安全稳定的需要。去年，我国人均GDP已达6750美元，从国际经验来看，进入了保险业快速发展期。加快建立健全保险制度，为保险业的发展创造良好的政策环境，成为金融体制改革的一项重要任务。《决定》提出，"完善保险经济补偿机制，建立巨灾保险制度"，为发展保险业指明了方向。

完善保险经济补偿机制，是吸引广大企业和居民参与各类保险的前提条件。以农业保险为例，我国农业收成在很大程度上受气候等自然因素影响，发展农业保险对保护农民利益关系重大。目前农业保险的覆盖面和保险深度都比较低，经济补偿仅限于成本补偿，今后应向指数补偿和收入补偿发展，即出现自然灾害之后，保险的理赔不仅限于补偿成本，还应根据受灾程度，提高补偿水平，使之适当减少纯收入的损失，逐步形成完善的经济补偿机制。要建立地震、洪涝、火灾等巨灾保险制度，充分发挥保险公司在防灾救灾中的作用。目前出现大的自然灾害，主要靠政府出资救助和各地群众捐助。如果能将政府在事后的救助资金拿出一部分作为投保的补助，吸引更多的企业和居民参保，就能动员社会资金加入保险事业，起到事半功倍之效。

广义的保险业还包括社会保障在内。当前，我国养老、医疗、失业、工伤等社会保障体系正处于建立和完善阶段。社会保障基金是金融体系的重要组成部分，而且随着居民收入水平的不断提高，社保基金的规模将不断壮大，最终将成为社会投资资金的最重要的来源。社保基金追求稳定的长期投资回报，用社保基金投资基础设施建设和国有企业，解决目前类似高铁建设资金不足等问题，是非常合适的。在美国，包括社保基金在内的各类保险基金，已成为最大投资资金，许多大型跨国公司的前几位股东都是保险基金，保险基金交给投资公司运营，不干预企业的经营。他们对美国经济的稳定和发展起到举足轻重的作用，以致于有的经济学家把美国经济称为基金资本主义。

我国的社保基金建立时间不长，但已积累了相当大的规模。目前的主要问题是，社保基金绝大部分只能存入银行，而银行的存款利率低，有时甚至低于通胀率，存款收益为负。如何实现社保基金保值增值，保证其良性循环，是社保基金运营面临的最大问题。应借鉴发达国家经验，扩大社保基金用于直接投资的比例，以提高其收益率。

社保基金还可用于政策性银行补充贷款资金的来源。法国有一项保值储蓄制度，即每个法国居民可保有总额为2万欧元的保值储蓄，年净利息不低于2%，低于2%时由财政补贴。保值储蓄的资金由专门的政策性金融机构用于基础设施和重大工程建设贷款。我国政策性银行和开发性银行都面临着贷款资金来源不足的问题，法国的这个经验值得我们借鉴。

四、围绕人民币国际化完善汇率市场化形成机制

我国外汇储备已近4万亿美元，用好这笔财富对稳增长、调结构意义重大。与此同时，巨额外汇储备也说明，加快人民币资本项目可兑换，建立人民币汇率市场化形成机制，已经有

了雄厚的物质基础。展望未来，随着人民币在国际贸易投资结算中使用的比例不断提高，人民币将逐步成为国际储备货币，我们可用以支付进口和海外投资的资金规模进一步扩大，这将带来新的巨大红利。适应这一变化，《决定》对扩大金融开放做出了一系列部署，提出"推动资本市场双向开放，有序提高跨境资本和金融交易可兑换程度，建立健全宏观审慎管理框架下的外债和资本流动管理体系，加快实现人民币资本项目可兑换"。逐步落实这些改革举措，将迎来我国开放型经济体系发展的新局面。

实现人民币汇率市场化和资本项目可兑换，是建立开放型经济体系的重要标志，是人民币国际化的重要前提。但是，人民币和外汇流进流出量的增加，对国内金融稳定必然带来新的挑战。综合考量，金融开放利大于弊。只有在开放的条件下，我们才能更好地利用国外市场和国外资源，才能确立人民币在国际金融体系中应有的地位，避免被美元储备绑架，从而维护国家和人民的利益。同时，借鉴国外经验，建立有效的外债和资本流动管理体系，可以防范短期游资对国内金融的冲击。比如对资金的流入和流出分别征收1%的托宾税，对长期投资来说不会产生大的影响，对以套利为目的的短期资金来说，则会产生重要的抑制作用。

所以，管理办法总是有的，不能以惧怕短期资金冲击为由长期不敢启动汇率市场化和资本项目可兑换的改革。为了扩大人民币在海外的流通量，我们应主动在海外投资、贸易结算、国际援助中使用人民币，要开发出更多的以人民币为载体的金融工具，建立海外人民币交易市场。从长期来看，扩大人民币在国际市场上的供给，要求我们在国际贸易中保持逆差，这与扩大出口、增强我国企业在国际市场的竞争力是相悖的。对此，应及早研究对策，做好准备。应当看到，保持外贸逆差对提高国内居民消费水平是有利的。

当前，应注重通过外汇管理体制改革，支持企业扩大海外投资，提高外汇使用效益。海外投资的重点，一是力求拿到更多的国内短缺能源资源的勘探权开发权；二是扩大国际并购，利用国外企业的科技资源和营销网络，提高国内企业的技术创新能力和国际经营能力；三是扩大海外加工贸易，以资本输出带动商品、劳务输出；四是扩大海外工程承包和劳务承包，带动施工机械和建筑材料出口。

将新一轮财税体制改革纳入全面深化改革大局

高培勇

高培勇

著名财税学家,现任中国社会科学院学部委员,社科院财经战略研究院院长、教授、博士生导师,社科院研究生院财贸经济系主任。兼任中国税务学会副会长。曾先后三次为党和国家领导人集体学习担任主讲人,多次参与总理《政府工作报告》起草组。代表性著作有《国债运行机制研究》《当代西方财政经济理论》《市场化进程中的中国财政运行机制》等。

财政与财税体制：在国家治理层面寻求定位

对于财政和财税体制，以往无论学术界的研究语言，还是实践层的工作用语，基本上是将其作为经济范畴来运用，在经济生活领域内寻求定位。比如，在说到财政的时候，我们通常将其界定为政府的收支或政府的收支活动。再如，当说到财税体制功能及其作用的时候，我们通常将其概括为优化资源配置、调节收入分配和促进经济稳定。《决定》则以前所未有的高度，对财政、财税体制作了全新的解释。

对于财政，《决定》作出的界定是："财政是国家治理的基础和重要支柱"。"基础"和"重要支柱"，其重要性不言而喻。由"政府的收支或政府的收支活动"到"国家治理的基础和重要支柱"，是在充分认识财政功能及其作用的基础上，从更高层次和更广范围对财政功能及其作用的全新定位。从国家治理的总体角度定位财政，至少说明财政不仅仅是一个经济范畴，更是一个事关国家治理和整个经济社会事务，牵动经济建设、政治建设、文化建设、社会建设、生态文明建设和党的建设等各领域的基本要素。随着与国家治理相对接并以国家治理的基础和重要支柱为定位,财政被赋予了在改革发展稳定、内政外交国防、治党治国治军等国家治理的各个方面履行职能以至发挥支撑作用的重大使命。

财政功能与作用的全新定位如此,财税体制自然也要与国家治理体系相对接,在国家治理体系中寻求定位。《决定》指出,"科学的财税体制是优化资源配置,维护市场统一,促进社会公平,实现国家长治久安的制度保障。"由"优化资源配置,调节收入分配和促进经济稳定"到"优化资源配置,维护市场统一,促进社会公平,实现国家长治久安",绝非仅仅是功能和作用概括上的数量添加,而是从国家治理体系的角度对财税体制功能与作用的提升和拓展,说明财税体制实质是国家治理体系的一个重要组成部分。由于上述定位已经越出经济生活领域,而延伸至包括经济建设、政治建设、文化建设、社会建设、生态文明建设和党的建设在内的所有领域,而且财税体制所具有的功能和所发挥的作用是支撑性的,作为一个必然结果,财税体制就具有了更大的作用潜力和更广的作为空间。

财税体制改革:对接全面深化改革的总目标

对于财税体制改革,以往我们多是将其作为经济体制改革的一个组成部分而与经济体制改革目标相对接的。以 1994 年的财税体制改革为例,《国务院关于实行分税制财政管理体制的决定》将分税制改革的意义归结为"分税制改革是发展社会主义市场经济的客观要求";《国务院批转国家税务总局工商税制改革实施方案的通知》将工商税制改革的目的归结为"为了适应建立社会主义市场经济体制的需要"、建立适应社会主义市场经济体制要求的税制体系；《国务院办公厅转发国家税务总局关于组建在各地的直属税务机构和地方税务局实施意见的通知》将两套税务机构分设的意义归结为"加强国家宏观调控和促进社会主义市场经济体制的建立"；等等。正因如此，对于1994年财税体制改革的基本目标，我们的表述一直是建立与社会主义市场经济体制相适应的财税体制基本框架。今天，随着财政与财税体制定位的变化，对于新一轮财税体制改革，《决定》给出了不同于以往的解释。

与以往的历次重大改革部署有所不同，《决定》所部署的不是某一个或某几个领域的改革，而是全面的改革、涉及所有领域的改革。习近平同志指出，"这项工程极为宏大，必须是全面的系统的改革和改进，是各领域改革和改进的联动和集成"。于是，从总体角度布局改革，提出一个统领所有领域改革的总目标，便成为必然之举。

《决定》作出的概括是令人振奋的："全面深化改革的总目标是完善和发展中国特色社会主义制度，推进国家治理体系和治理能力现代化。"这是两句话组成的一个整体，方向是中国特色社会主义道路。随着国家治理体系和治理能力现代化被定位于统领所有领域的改革总目标，能否在国家治理体系和治理能力现代化上形成总体效应、取得总体效果，便成为关系这场全面深化改革战役胜负的关键。

因此，不仅财政作为国家治理的基础和重要支柱获得了全新的定位，而且财税体制的功能和作用在纳入国家治理体系之后也将获得极大的提升和拓展。这些都是为实现全面深化改革总目标而做的准备。这意味着,与以往主要聚焦于经济体制改革而定位财税体制改革的思路有所不同,新一轮财税体制改革的基本目标与全面深化改革的总目标是对接与匹配的。

进一步看,能够与国家治理体系和治理能力现代化相匹配的财政和财税体制,也应当是基于全新的理念和思维建立起来的。也就是说,从财政作为国家治理的基础和重要支柱出发,从财税体制作为国家治理体系的重要组成部分要在更高层次、更广范围发挥更大作用出发,构建顺应历史规律、切合时代潮流、代表发展方向的现代财政制度,应当也必须是新一轮财税体制改革的基本立足点。因此,《决定》在将新一轮财税体制改革目标与全面深化改革总目标相对接的同时,第一次以"建立现代财政制度"标识新一轮财税体制改革的方向。

用心体会现代财政制度中"现代"二字所蕴涵的深刻含义,并注意到现代财政制度与现代国家治理之间的内在联系,不难理出如下逻辑线索:全面深化改革的总目标是完善和发展中国特色社会主义制度、推进国家治理体系和治理能力现代化,实现国家治理现代化的基础和重要支柱是坚实而强大的国家财政,构筑坚实而强大的财政基础和财政支柱要依托于科学的财税体制,科学的财税体制又要建立在现代财政制度的基础上。于是,"建立现代财政制度"→"科学的财税体制" →"国家治理的基础和重要支柱"→"国家治理体系和治理能力现代化",便成为新一轮财税体制改革十分明确而清晰的"路线图"。

说到这里,可以对新一轮财税体制改革的基本目标作如下表述:建立与国家治理体系和治理能力现代化相匹配的现代财政制度。

财税体制改革：全面深化改革的突破口

将这样一幅"路线图"置于全面深化改革的大局可以看出，在很大程度上，新一轮财税体制改革已成为全面深化改革的突破口。

以财税体制改革作为改革的突破口并非始于今日，而是始自改革之初。追溯一下我国的改革历程可以发现，从党的十一届三中全会至今，30多年的改革历程大致可以分为三个阶段：

第一阶段，放权让利。大致覆盖从1978年至1993年的15年时间。所谓"放权"，是指政府放权。在当时，政府能够且真正放出的"权"，主要是财税上的管理权。所谓"让利"，也是指政府让利。在当时，政府能够且真正让出的"利"，主要是税收和国有企业上缴的利润，也就是减少财政收入在国民收入分配格局中所占的份额。正是通过财税上的"放权让利"并以此铺路搭桥，我们才能从分配领域入手，实现各项改革举措的顺利出台和整体改革的平稳推进。

第二阶段，制度创新。大致可以覆盖从1994年至2013年的20年时间。从放权让利迈上制度创新轨道的转折点是1994年的财税体制改革，其基本着眼点就在于以建立适应社会主义市场经济的财税体制为突破口和主线索，为整个经济体制改革提供支撑。从一定意义上说，正是由于打下了1994年财税改革的制度创新基础，才有了后来社会主义市场经济体制的建立和完善以及持续20年的经济社会快速发展。

第三阶段，全面深化。就是以党的十八届三中全会通过的《决定》为契机，在新的历史起点上展开的以全面深化为基本特点的新一轮改革。这一轮改革全面覆盖经济体制、政治体制、文化体制、社会体制、生态文明体制以及党的建设制度等所有领域。于是，在将推进国家治理体系和治理能力现代化定位于全面深化改革总目标的背景下，作为国家治理基础和重要支柱的财政自然要继续充当全面深化改革的突破口。

从适应社会主义市场经济体制到匹配国家治理体系，从建立与社会主义市场经济体制相适应的财税体制基本框架到建立与国家治理体系和治理能力现代化相匹配的现代财政制度，我国财税体制改革战略实现了重大转型。把改革蓝图一一落到实处，我国财税体制建设就会迈上一个新的更高的平台，更好地对全面深化改革发挥基础和重要支柱作用。

地方税改革关乎国家治理

刘尚希

刘尚希

现为财政部财政科学研究所所长兼书记,曾任财政部财政科学研究所副所长、研究员、博士生导师。为国务院政府特殊津贴专家。作为改革开放以来的新一代博士,注重经济学研究的实践性和本土性,从我国改革与发展的实践出发,撰写了一系列论著、论文、调研报告和政策建议,其内容涉及宏观经济、收入分配、公共风险、财政风险、公共财政、公共政策等方面。

目前，地方税改革已经到了非常紧迫的时候。因为这不仅涉及"钱"的问题，还涉及许多与国家治理相关的重大问题。财政是一个国家的基础，一旦基础出了问题，国家的治理将会动摇。所以，地方税改革应该放在我国"五位一体"的大局中来思考，不能就税论税，不能就地税论地税，不能就财政论财政。

从工作的角度，地税部门征管的税是地方税，国税部门征管的是中央税或共享税。对地方税的理解有三个角度：一是从税种属性来理解，税基流动性小、比较稳定的税适合做地方税，这是学术意义上的地方税。二是法律意义上的地方税，即地方政府有立法权、管理权和调整权的税。三是财政体制意义上的地方税，即随着财政体制的变化而变化，财政体制调整时划给地方征收的是地方税，划给中央的是中央税。目前我国只有体制意义上的地方税，没有学术意义上和法律意义上的地方税。

税收具有两个基本的功能，即收入功能和调节功能。在现阶段，我国作为发展中国家，其地方税应侧重于收入功能。地方税规模的确定至少要考虑三个方面的因素：一是地区差距。

目前，中央政府平衡地区财力差距的任务很重。对于一个巨型发展中国家而言，区域性差异和地区差距是国家治理中首先必须考虑的问题。二是主体功能区与基本公共服务均等化政策目标的设定。在设计地方税体系时，要考虑地方税源的异质性，不是简单地把一些税种划给地方了事。三是国家的治理架构。构建地方税体系需要充分考虑事权划分的现实制约，事权要调整，将部分事权的执行权上移，同时将部分事权的决策权下移，减少"中央点菜，地方埋单"的情况。地方税规模的确定需要考虑未来事权改革的这种变化。

如何构建地方税体系？我认为，地方税体系构建要放到整个国家治理架构中考虑，财力、财权、事权应重新组合。

首先，目前面临的一个巨大变化是，我国从一个静态社会变成了动态社会，城镇化的进程带动和加速了人口的流动。公共服务应该"跟着人走"，而不是"人去找公共服务"。这意味着中央与地方的财权、财力、事权需要重组，以适应这种变化。

其次，财权包括税权、财产权和使用者付费，三者需要统一考虑。正税清费的基本方向正确，行政性收费应该减。但如果是财产性收入，不仅不应该"减"，而且还应该"增"。我国作为公有制为主体的国家，大量资源和资产属于国家所有。如果国家的财产收益流失了，那么，也就意味着国家所有权的丧失。这个问题同时还是我国贫富差距迅速扩大的原因之一。国家财产性收益应在中央与地方财政关系上体现，与地方税体系构建紧密联系起来。财政体制的一个重大盲区是国家财产性收益，长期以来只看到了"分税"，而忽视了公有制背景下如何"分产"，土地、矿产资源等大量财产性收益搁置在中央与地方财政关系之外。地方的税权和财产权不能割裂开来，地方税改革需要与公共产权改革结合起来。关于使用者付费的问题，世界上有很多通用的做法也可以借鉴。地方税体系构建不是一个独立的问题，涉及方方面面，需要统筹考虑。

再次，适当扩大地方的税收权限。中国的地方治理结构有很大的区域异质性，全国各个地方经济社会以及自然状况不同，应赋予地方因地制宜的能力，有必要适当扩大地方的税收权限。涉及全国性的税收立法权集中在中央，而仅仅涉及区域的税种可以由地方自行开征，但中央保持否决权，需报中央审议，中央同意方能开征。有的税源不涉及其他地方，或者与中央政府不存在税源分割的问题，则可以明确交由地方政府自行决定。例如生态旅游、休闲农业、养生服务、垄断性特产等具有很强的地域性，在省级立法的框架内可由市或县来选择性执行。这样可使地方税制保持一定的选择性，以更好地与地方治理结构相适应。

此外，要构建以消费为税基的地方税种，动产消费、不动产消费、服务消费、文化消费、健康消费，等等，都可以成为地方税基。房产消费与地域环境相关联，地域环境也要靠地方政府来提供。这样，地方政府的努力与地方税源可以形成联动机制，有利于形成正向激励。如果地方税收主要来自于"生产"环节，地方的努力则会指向生产，热衷于搞各种大型工业项目，而忽视消费环境的打造。地方独享税的税基落在"消费"，应该具有可行性。这样，如果地方政府要扩大收入，必须鼓励进一步扩大消费。这与当前扩大消费战略，转变经济发展方式以及推进人口城镇化是相吻合的。

投资仍是稳增长的主要动力

李扬

李扬

中国社会科学院副院长,金融研究所所长、金融研究中心主任,中国社会科学院学部委员、研究员、博士生导师。中国人民银行货币政策委员会委员,太平洋经济合作委员会(PECC)中国金融市场发展委员会委员,中国金融学会常务理事、副秘书长、学术委员会委员,中国国际金融学会常务理事,中国城市金融学会常务理事,中国财政学会常务理事,中国科学院自然科学和社会科学交叉研究中心学术委员会委员,若干省、市政府顾问。国家级有突出贡献中青年专家,享受国务院特殊贡献专家津贴。

中国经济将进入中低速发展,几年以来经济下滑明显,这是近段时间经济学界一直热议的话题。虽然在经济下滑中可以调节经济结构,对长期发展有利,但对短期发展还是有较大影响。怎样在经济下滑中稳定中国经济,也是目前争议较大的问题。

稳定经济仍靠投资

2014年以来的一系列数据,显示出我国经济存在下滑的趋势。我认为,稳定经济仍要靠投资。为防止突破底线,我们需要制定若干预案。

分析消费、投资和外需各自对增长的贡献及其发展趋势,有助于我们找准政策的着眼点。数据显示,2006年以来,国内消费对经济增长的贡献率曾有过稳定增长。但是,在2011年达到55.5%的高峰之后,其贡献率一路下滑,2013年更降至50%。这说明,最终消费作为慢变量,其规模相对稳定,结构亦难有大的调整。再考虑到某些领域的公共消费受到抑制的情形,其拉动作用短期内难以大幅提升,无法成为促进经济增长的主导力量。同期,外需对增长的贡献率更是急剧下挫。2010年以后,不仅连续3年为负,2013年更落至-4.4%的新低点。考虑到2013年年初部分地区和部分行业出现较大规模虚假套利贸易导致外贸数据扭曲扩张的因素,外需的贡献作用或将进一步降低。相反,投资的贡献率倒是上升的,2006—2013年的7年里,其贡献率提升了10个百分点以上!这些数据说明:至少在中期内,稳定经济增长的动力,仍然主要来自投资。

改革开放30余年来的中国经济史明白无误地告诉我们:依靠投资主导经济增长,存在诸多痼疾。助长唯GDP倾向,造成生态破坏、环境污染等,自不待言;形成并不断加剧产能过剩,同时恶化国民收入分配,更是其主要弊端。这意味着,如果我们不得不依赖增加投资来稳定经济,那么,高度警惕并认真防范那些已被实践反复证明的投资弊端出现,关乎政策的成败。换言之,沿用传统政策工具来从事宏观经济调控的前提,是首先对这些工具自身进行深度改革。所以,我们首先需要用改革的精神,来认真探讨投什么、谁来投、怎样投的问题。

投什么:三方面应重点关注

经过长达30余年高强度的工业化,在传统商业环境下可创造较大利润的工业投资项目已基本被挖掘殆尽;基础设施中的经济基础类设施,即公用事业、公共工程和其他交通部门等,经过2009年以来刺激计划的横扫,也已没有多少有利可图的空间。因此,启动投资引擎,不仅需要找寻新的投资领域,还需创造条件,让这些投资具有商业可持续性。

有三个方面值得重点关注。

一是为促进消费长期增长的社会基础设施领域，主要包括教育、文化、医疗保健，等等。进一步加大对这些社会性领域的投资力度，对于拉动消费也具有积极的正面效应。一方面，可以降低居民的远期支出预期，减少预防性储蓄，提高居民的消费倾向；另一方面，可以促进人力资本积累，提高劳动者的"可行能力"和在初次分配中的"议价能力"，改变居民部门在国民收入分配中的不利地位；同时，也可以有效解决农民工及其家庭的市民化问题，促进农民工进城定居，充分释放城市化对扩大消费需求的促进作用。在所有社会基础设施中，我们应特别关注健康服务业这一新兴产业。该产业覆盖面广，产业链长，对经济增长的拉动作用显著。在一些发达经济体，该产业已成为现代服务业的重要组成部分，如美国，健康服务业规模占GDP的比例超过17%，成为服务业的主体，其他OECD国家一般也达到10%左右。可以预期，随着我国居民收入和消费水平的提高，特别是老龄人口不断增多，健康服务业蕴涵的投资潜力和空间十分巨大。在北京等地，合格的养老机构的床位已排队到10年后，足见其社会需求之旺盛。

二是有利于技术进步的更新改造投资。在推动经济增长由要素投入驱动转向技术进步或全要素生产率驱动的过程中，迫切需要加大企业设备更新和技术改造升级的力度。这不仅需要我们一般地增加投入来从外部增加更新改造投资，更需要考虑通过加速折旧这种"税式支出"，内在地调动企业自主投资和自主创新的积极性。特别对于高新技术企业、战略性新兴产业以及改造升级的传统产业，为避免无形损耗可能带来的损失，更应允许其以更大幅度加速折旧。与基于预计可使用年限的平均折旧法相比，加速折旧法能更快地摊销应折旧金额，使固定资产的价值在使用期内尽快得到回收和补偿，加快设备投资的现金回流，更有利于刺激企业从事固定资产更新改造的积极性。从国际经验看，美国等发达经济体总是将加速折旧作为走出危机的强力措施来采用，借以提高投资率，进而提高劳动生产率和国际竞争能力。这些经验值得借鉴。

三是有利于可持续发展的节能环保产业。发展节能环保产业，发展大气和水污染治理、生态修复以及资源循环利用等产业，显然已成为国民经济发展日益重要的任务，而且其投资潜力无穷。在资源环境约束不断增强，特别是以雾霾为代表的各种环境污染问题频现的形势下，发展节能环保产业，为切实解决高耗能、高排放问题提供了一条有效途径。目前，该产业已被国家列入加快培育和发展的七大战略性新兴产业之一。2013年8月，有关部门又发布了加快该产业发展的指导意见，并提出："十二五"期间，节能环保产业产值年均应增长15%以上，到2015年行业总产值达到4.5万亿元，成为国民经济新的支柱产业。这些安排，为发展节能环保产业扫除了一些障碍。然而，问题在于，在目前的经济架构下，除了少数节能环保产业，绝大多数环保、治污、生态修复活动都被视为经济运行的"成本"，是增长绩效的"扣除"。正因如此，关乎人民生活质量甚至生存环境的产业，在我国始终得不到发展；耗能、污染的产业仍然被很多地方和企业追捧。为从根本上解决这一问题，需要修改统计方法，其基本方向，是将这些产业的投入直接统计为国民产出。在这方面，美国业已提供了先例。2013年4月，为促进企业投资，提高劳动生产率，美国正式决定调整其GDP统计方法，将"研究与开发"（R&D）直接计为国民产出。这样，连同电影版税（涉及文化产业）的计入，美国的GDP较过去增大3%。这是自1999年将电脑软件纳入GDP统计以来的最大调整。我们以为，为当前与长远计，我们不仅应考虑将R&D计入GDP，更应全面将节能环保、气水治污、生态修复及资源循环利用等产业计入GDP统计范围。考虑到生态环保等业已被计入各级政府政绩考核指标中，进一步将之计为国民产出，当属顺理成章，且并非难事。

以上所列投资领域，确实大都存在不具有商业可持续性的问题。为了从根本上冲破这些瓶颈，我们需要坚决、迅速地落实十八届三中全会关于"凡是能由市场形成价格的都交给市场"的战略部署，全面审视并改造上述诸领域的计价、收费、课税体系，使上述领域的投资获得足够、稳定的收入以弥补成本并得到合理的回报，从而助力形成稳定的投资行为。

谁来投：让民间资本参与其中

目前及今后一段时期，国内的主要投资项目集中于基础设施和公共服务领域。在传统上，基础设施和公共服务领域突出地存在着自然垄断性、公共性和外部性，从而成为政府投资的天然领域，私人资本基本无法置身其间。为未来发展计，应尽快改变政府主导投资特别是基础设施和公共服务领域投资的局面，更多采用公——私合作伙伴关系投融资模式，加强政府公共投资与民间投资的合作。

大规模引入私人资本不仅有强烈的必要性，也有可能性。近几十年来，随着管理能力的提高和现代科技尤其是信息技术的发展，那些影响社会资本进入的"技术性"障碍，或者渐次消失，或者可通过一定的制度安排予以克服。这就从技术上为在这些领域中引入私人资本开辟了可行空间。

我们先来看自然垄断性。社会资本的进入可以在两个层面上实现。首先可采取资本形式进入。自然垄断性不应成为产权独占的依据。即使是具有整合效应的网络基础设施，也可将投资环节与运营环节分开，形成投资主体多元化和经营主体一元化并存的格局。其次也可采取经营权形式的进入。在某些具有网络特征和自然垄断特性的领域和环节，尽管通过"市场内的竞争"方式实现进入难度较大，但通过政府特许经营、委托经营或承包经营等制度安排，仍可确保社会资本通过"争夺市场的竞争"方式实现有效进入。此外，随着技术创新、市场容量扩大和金融创新，基础设施中某些原来被认为具有自然垄断性的业务或环节，其进入壁垒和退出壁垒被逐渐克服，成为能够引入社会资本的非自然垄断性业务或环节。

在所谓的公共性领域中，由于两类因素的变化，使得社会资本进入不仅具有可能而且具有合理性。一是公共产品属性的变异。随着需求水平的提升、需求弹性的增大，以及技术的发展特别是"排除性量化"技术的出现，纯粹公共性产品一直在经历着向非纯粹性或准公共性产品的转变。这为社会资本以市场化方式提供该类产品开辟了广阔的空间。二是灵活的制度安排。对于某些商业性不足的准公益性项目，可以通过多种方式（如土地综合开发利用、公益性环节财政补贴等）改善投资的预期收益，吸引社会资本进入。即使是某些纯粹公共产品以及外部性相当显著的纯公益性项目，也可通过政府采购制度、经营权拍卖、招投标制度以及承包和委托经营等形式，实现（纯粹）经营权方式的社会资本参与。

在理论上，对以外部性来排除社会资本进入，一直存在着较大的争议。随着现代信息技术突飞猛进，管理技术和水平不断提高，外部性更难成为拒绝某些类型资本进入的条件。人们认识到，对于某些存在着"消费正外部性"的领域，政府事实上承担的主要是在消费环节上的支付责任，而不是其在生产环节上的供给责任。特别是对于教育、健康服务这类准公共产品而言，完全可以不要求由政府直接生产经营，甚至可以不要求由政府直接投资。相反，在一定意义上，政府在这些领域的大规模投资和直接"经营"，正是这些领域长期得不到发展乃至畸形发展的主要原因。因此，在这些领域中，政府宜采取服务合同外包或政府采购合同、服务管理合同、特许经营合同等契约型工具，大规模引入社会资本，同时，通过加强监管来保证正外部性发挥。

为了让社会资本发挥更大作用，降低行业进入门槛，逐步实现基础设施投资领域竞争主体多元化和股权结构多元化，亦属题中应有之义。另外，由于基础设施的资本密集度高，资产专用性和资本沉淀性强，加上合同的不完备，潜在的投资者往往担心利益被侵占。为有效动员、吸引社会资本进入基础设施和公共服务领域，确保新进入企业和原有垄断企业（在位企业）之间实现公平竞争，确保政府承诺的可信性以及政策的稳定性和连续性，具有同等重要的意义。

如何投：消除资金成本及债务依存度过高的体制基础

中国是当今世界上少有的高储蓄国家。自1994年以来，我国国内部门总储蓄率（政府、企业和居民户的总和储蓄率）一直攀升，2013年底，甚至超过50%。基于这一事实，中国国内投资的资金约束，并不体现为资金的短缺，而是体现为储蓄转化为投资的渠道不畅，并因此人为造成资金成本上升和债务依存度过高。因此，所谓解决好"如何投"的问题，主要是要采取各种措施，加快调整金融结构，以期在总量上切实抑制资金成本上升的趋势，在结构上有效解决债务依存度过高的问题。

这主要归因于我国金融体系存在严重扭曲。

其一，流动性过剩与高利率的怪异组合，与我国外汇储备管理制度密切相关。在现行管理体制下，外汇储备及其变化与货币供给机制关系过于僵硬和直接：外汇储备的不断增长，直接导致我国货币供给总量不断扩张；为杜绝"输入型"通胀，央行不得不通过提高法定准备金率和发行央票等手段进行大规模"对冲"操作——这固然"冻结"了高达20万亿的基础货币，但也致使市场上可贷资金短缺，导致利率水平攀升。应对这一问题，我们显然需要改变外汇储备由货币当局直接管理并成为我国货币供给变化主导因素的格局。唯其如此，我国的利率方能恢复到与流动性过剩相适应的低水平；货币当局在摆脱了被外汇储备绑架的局面之后，方才有可能自由、独立地制定并实施货币政策。这是一个议之甚久，在2006年曾有所启动，但因种种原因而浅尝辄止的一项重大改革议题，如今，我们必须下决心彻底解决它了。

其二，在多重管制体系下，我国的金融抑制呈不断恶化之势，并进一步导致"创新异化"。金融机构力图避开行政色彩极强且部门间严重分割的金融监管，包括规避信贷额度配给制和限制对地方政府融资平台和房地产业提供贷款的政策，大规模从事监管套利，便是其主要表现。加之资本金约束、贷存比的流动性约束，使得银行追逐由存贷款利率分割、不同市场监管规则差异所造成的"息差交易"机会大大增加。在货币信贷存量较高且增长迅速的情况下，资金成本的上升，反映了大量资金在金融部门内部自我服务和自我循环。商业银行近两年同业业务占银行业总资产的比重，由2010年的8%飙升至2012年的12%，有些股份制银行已超过25%，便是明证。解决此类问题，显然需要我们按照发展市场经济的要求，彻底摒弃那些非市场化的信贷配给制度、信贷额度控制和贷款投向管制，摒弃早已脱离实际的存贷比管制制度，改用各种监管指标，实行间接管理，进一步深化我国金融体系的市场化改革。

其三，多部门分业监管模式，人为造成大量套利机会，而且，在混业已经在金融产品层面大规模展开的情势下，坚持分业监管将使得我们无法把握信用总量的规模、结构和动态变化，弱化了监管效率。就此而论，尽快改革早已跟不上形势发展的分业监管格局，显然是题中应有之义。

其四，从资金需求来看，资金成本的上升反映了广泛存在的道德风险问题。一方面，地方政府和国有经济部门作为重要的融资主体，其软预算约束问题严重存在，这是产生道德风险的最大温床。由于这些融资主体对资金价格的敏感性相对较低，对资金需求始终处于饥渴状态，其融资规模的扩大，便会推高全社会的融资成本。对此，应深入推动地方政府和国企改革，硬化它们的预算约束，减少它们对资金的无效占用。另一方面，政府长期实行的"父爱主义"，使得市场缺乏风险意识，一些金融产品的投资者甚至认为我国不会出现违约风险，或者，即使存在违约风险，也会有银行或政府的隐性担保作为安全保障。

广泛存在的"刚性兑付"问题，进一步助长了无风险意识的市场套利行为，加剧了投资者的道德风险。解决这些问题，显然需要我们迅速建立包括存款保险在内的市场化风险处置机制。

我国以间接融资为主的金融体系，本质上就有提高债务依存度的倾向。目前在我国固定资产投资资金来源中，债务性融资占90%以上的比例。作为一般规律，随着传统银行系统以外的金融中介活动快速发展和金融脱媒趋势加速，债务性融资比重将逐步下降，股权性融资比重会相应上升。中国的情况则不然。金融的脱媒非但没有如欧美等发达经济体那样，通过资金"从银行中来，到市场上去"，导致直接融资迅速发展，反而由于其基本路径是"从银行中来，回银行中去"，事实上只是改变了间接融资的路径。通过信托贷款、委托贷款等金融机构表外融资，中国的间接融资依然保持着绝对的统治地位。加之公司信用类债券（包括企业债券、短期融资券、中期票据、公司债券等）发行规模不断上升，中国经济过分依赖负债融资的格局近年来甚至有恶化之势。资本金或所有者权益在融资结构中的比例过低，加重了企业资产负债表的资本结构错配风险，也提高了全社会的债务水平和杠杆率，加剧了风险的积累。我们的测算表明，金融危机以来，全社会杠杆率呈现出较为明显的上升趋势，各部门（居民、非金融企业、政府与金融机构等四大部门）加总的债务总额占GDP的比重，从2008年的170%上升到2012年的215%。其中，企业部门债务总额占比高达113%，远远超过OECD国家90%的风险阈值。

我们必须下决心改变中国金融结构的高杠杆率倾向。改革的方向有四：其一，采取切实措施，将"发展多层次资本市场"的目标真正落在实处；其二，放开国家对信用的统治，创造有利于资本形成的机制；其三，鼓励各种将债务性资金转变为股权性资金的金融创新；其四，充分发挥类如国家开发银行那样的投资性金融机构的作用，同时，下决心尝试逐步让商业银行拥有投资权利，从根本上消除债务融资比重过高的体制基础。

金融改革大方向：回归实体

王国刚

王国刚

中国社科院学部委员，博士生导师，经济学教授，经济学博士，政府特殊津贴获得者；现任中国社会科学院金融研究所所长，兼任国家社科基金规划评审组专家，中国开发性金融促进会副会长、中国市场学会副会长、中国外汇投资协会副会长等职；主持过近百项科研课题，其中包括省部级重大、重点课题30多项，获得了孙冶方经济科学奖和30多项省部级以上科研教学奖。

中国金融历经几十年的发展，在取得举世瞩目成就的同时，金融体系脱离实体经济的现象一直如影随形，甚至愈演愈烈。发端于20世纪70年代末的中国金融体系，对实体经济而言，是一种外部植入型金融体系。它几乎剥夺了实体经济部门的各项金融权力，成为既位于实体经济部门之外又不断从实体经济部门中获取养分的一个自我循环体系。在美国金融危机的背景下，金融服务于实体经济的呼声愈加强烈，可是，中国的外植型金融体系脱离实体经济的状况却继续加重。目前，中国经济发展正进入一个新的历史时期，由此，改革外植型金融体系，推进金融回归实体经济，建立内生型金融体系，已是必然。

金融脱离实体经济蕴涵金融风险

打开任何一本《宏观经济学》都可看到如下表述：在两部门模型中，居民（或家庭，下同）部门是资金的盈余部门，实体企业（或厂商，下同）部门是资金的赤字部门，为了支持实体企业创造财富、维持经济运行，资金就应从居民部门流向实体企业部门，由此，在经济运行中，居民部门是资金的供给者，实体企业部门是资金的需求者，金融活动原本就在它们之间进行。实体企业和居民作为实体经济部门的主要经济主体，彼此间是存在金融权力和金融活动的。这些金融权力和金融活动从实体经济运行中内在地生成，是实体经济部门运行和发展不可或缺的基本机制。

金融内生于实体经济部门，实体经济的发展是金融发展的根本所在。实体经济部门所拥有的金融权是金融体系的一个基础性构成部分。从这个意义上说，金融根植于实体经济部门。离开了实体经济部门，金融就将成为"无源之水、无本之木"。美国金融危机与此当然脱不开关系，金融运行脱离了实体经济部门，就会成为自我服务、自我循环的独立体系。一旦金融脱离了实体经济，金融泡沫的产生就在所难免。

外植型金融体系蕴涵双重不公

在计划经济时期，中国没有金融活动，也谈不上金融体系。中国的金融起步于20世纪70年代末的改革开放初期。当时有五个条件决定了中国选择的将是外部植入型（即外植型）金融体系：第一，在长期计划经济条件下，实体经济部门的企业和居民没有金融权，既不知道何谓金融权，也没有金融意识。第二，受计划经济中审批体制影响，金融机构的设立、金融产品的问世和金融业务规模（甚至金融机构客户）等都需通过严格的行政审批。到1984年，虽然工、农、中、建等银行已经分立，但它们作为专业银行（并非商业银行）各有政府行政部门安排的特定业务。第三,面对发达国家的成熟的金融市场体系,我们期望能够尽快地缩小与它们的差距,由此,将它们浮在表面上的金融机构格局借鉴学习过来,并没有深入地看到它们沉在水下的实体经济部门的金融权力。第四,在90年代中期之前,企业改革的组织制度、变固定工制度为合同工制度等尚在探讨之中,"自负盈亏、自我发展"的公司制刚刚起步,以资金平衡表为中心的企业财务制度正在向以资产负债表为中心的财务制度转变。在缺乏资产负债理念和制度的条件下,企业不能发行股票、债券等金融产品,也就难以有获得金融权力的内在根据。第五,1998年之前,银行信贷依然按照国家计划安排,在信贷规模和信贷投放对象上都有明确的行政取向。虽然已有股票、债券发行,但由国家计划安排,并通过制度规定,这些金融产品只能由金融机构承销运作。实体企业和居民依然缺乏对各种金融产品的最基本选择权。改革开放30多年来,中国努力从实体经济外部推进金融的发展,形成了一种外植型金融体系。

外植型金融的主要特点表现在八个方面:第一,在金融产品方面,实体经济部门几乎没有选择权。居民消费剩余资金除了存款几乎没有去向,实体企业除了贷款也很少有从金融市场获得资金的其他渠道。金融活动的各项权利成为金融机构的专有权。第二,实体经济内部没有展开金融活动的制度空间。从最初的实体企业间不准借贷资金,到实体企业难以发行商业票据进行短期融资,再到实体企业间不能进行融资租赁等都通过制度规定予以限制。第三,各种证券发行都必须通过金融监管部门审批并由金融机构承销,使得实体企业丧失了自主发行各种证券的权利。这些承销证券的金融机构,不仅直接决定着实体企业能否发行证券,而且在证券发行的定价方面有着举足轻重的话语权。第四，直接金融工具成为间接金融工具。实体企业发行的公司债券几乎完全由商业银行等金融机构购买，而商业银行等金融机构购买债券的资金则来源于城乡居民的消费剩余资金。第五，"存款立行"成为商业银行等金融机构的一项基本战略。商业银行等金融机构的金融运作主要取决于资金数量的多少和资金供给的可持续性。由此，想方设法获得这些资金就成为各家商业银行等金融机构的一个主要竞争方略。第六，金融市场（尤其是货币市场）在很大程度上成为金融机构彼此之间的交易场所，与实体经济部门没有多少直接关系。第七，金融机构与金融监管部门成为一个相互依赖的体系，以各种理由限制实体经济部门的金融权要求。在各项金融制度形成过程中，金融监管部门通常需要征求金融机构的意见，但极少有征求实体企业意见的，由此，这些金融制度更多地反映了相关金融机构的利益取向，很难反映实体企业的诉求。第八，各种金融产品创新，与其说来源于实体经济部门的要求，不如说来自于金融机构自身业务拓展和追求利润最大化的内在要求。

由此可见，中国金融体系是一个运用行政机制嵌入实体企业和城乡居民之间的架构。它一方面建立在以最低廉的价格充分通过储蓄存款方式吸收城乡居民消费剩余资金的基础上，另一方面，建立在以最贵的价格通过贷款机制从实体企业获得贷款利息的基础上，蕴涵着双重不公。这种切断居民与实体企业之间直接金融联系的金融体系，与内生型金融体系有着实质性差别。

外植型金融体系非改不可

外植型金融体系在我国 30 年的经济发展中发挥了它积极的作用，但在进一步深化改革，发挥市场机制在配置资源方面的决定性作用，以加快经济结构调整、增强经济的可持续发展能力，进一步提高综合国力的背景下，它的内在缺陷越加凸显出来。而且带来的影响也是不容忽视的。

第一，将原本多维一体的有机经济活动分切为若干相互缺乏关联的部门活动，使得各种资源的整体关系碎片化。这种碎片化不仅降低了实体经济部门的运作效率和市场竞争力，而且给金融体系带来了本不应有的风险。

第二，以存贷款为重心，引致金融资源配置的种种矛盾和效率降低，给实体经济部门发展造成了诸多的金融障碍。

金融资源配置效率的高低并不直接以金融机构是否获得了较高的收入和利润为衡量标准，它的实际含义应当是实体企业获得资金的成本是否降低。但在外植型金融体系下，实体企业普遍遇到融资数量少、融资价格贵和融资渠道窄等"融资难"问题。一方面在缺乏金融产品选择权的条件下，大中型企业获得的贷款资金在利率上高于同期公司债券利率，表现出了"融资贵"。与此同时，在大量贷款向大中型企业集中的条件下，小微企业既遇到了融资数量少、融资渠道窄等困难，也遇到了融资贵的难题。这些难题意味着，受资金成本高的制约，在实体经济部门中许多本可展开的投资活动和经营活动难以有效进行，由此，资源配置的效率受到制约。另一方面，商业银行等金融机构的收益大幅增加。近 10 年来，在加入世贸组织的背景下，中国商业银行的税后利润呈快速增长的态势，与实体企业的利润走势形成了反差，以至于媒体有着"银行业垄断暴利"一说。利润的快速增加固然与商业银行改制后的体制机制创新、银行职员的努力直接相关，但与实体企业缺乏金融选择权条件下商业银行可坐享存贷款利差也直接关联。这是导致商业银行等金融机构以吸收存款为"立行之本"战略难以消解，持续地展开存款大战的一个主要成因。再一方面，广大的城乡居民作为存款人只能获得低利率的存款收入。由于消费剩余资金难有去向，在存款利率降低的条件下，城乡居民存款却形成了大幅增加的趋势，实难分享实体企业付给金融体系的巨大收益。

第三，在实体经济部门和金融部门之间资金错配现象越加严重。经济运行中不同的实体企业在经营运作和固定资产投资等方面对资金的性质、期限和流动性等有着不同的要求，从本源上讲，金融资产的结构应与这些要求相匹配。但在中国实践中，金融部门的资金和金融产品的结构与此相差甚远，从而，有了严重的错配现象的发生。

第四，货币市场成为金融机构间彼此交易的市场，与实体经济部门基本无关。银行间市场是中国货币市场的主体部分，可进入该市场的交易主体包括国有控股商业银行、其他商业银行、其他金融机构和外资商业银行等，并无实体企业，更无居民。因此，该市场是金融机构彼此间进行短期资金和短期金融产品交易的市场。

第五，各项金融改革举步维艰，或停留于做表面文章，或停留于口头。货币政策调控机制的改革进展缓慢。近10年来，继续以运用行政机制直接调控存贷款基准利率和新增贷款规模为主要工具，在维护金融运行稳定的同时，维护着金融体系独立于实体经济部门的格局。

外植型金融体系存在的一系列缺陷说明,它已到了非改不可的境地。但如何改革却绝非易事,一旦选择失误,就可能引致严重的金融震荡甚至金融危机,因此,需要慎之又慎。

金融回归实体经济才是改革的根本方向

改革是制度体系和利益格局的重新调整,除了认识差异外,也还有各种各样的取向差别、路径依赖和习惯势力等方面的障碍。从金融改革角度看,扩展实体经济部门的金融选择权,就要金融回归实体经济,这必然从根本上冲击现存的金融体系,给以商业银行为主体、以存贷款为基础的金融运作方式和金融监管方式以严重冲击,从实质上推进外植型金融体系向内生型金融体系的根本转变,因此,是一个艰巨复杂的过程。这一改革的目的在于克服外植型金融体系的种种缺陷,建立中国金融体系的健康可持续发展的新模式。从这个意义上说,"金融回归实体经济"的过程是中国金融体系的重新构造过程。

"回归"的真实含义在于,扩大实体经济部门中实体企业和城乡居民的各自的金融选择权,即把本属于实体企业和城乡居民的金融权力归还给实体经济部门,推进内生型金融的发展。

内生型金融的发展有着两条路径:一是金融机构的路径,即通过实体经济的发展,独立出了专门从事金融业务活动的金融机构;二是金融市场的路径,即实体经济中的实体企业和城乡居民可以直接进入金融市场,以自己的名义发行和交易各种金融产品。在目前中国的金融体制机制条件下,金融回归实体经济的含义,不在于继续鼓励实体企业投资创办多少家金融机构，而在于准许实体企业和城乡居民直接进入金融市场以他们各自的名义发行和交易相关金融产品。内在逻辑是，在各种金融产品的发行和交易基本由金融机构专营的条件下，即便实体企业投资创办了一些金融机构，这些金融机构只能延续原有金融机构的业务轨迹，不可能由此增加实体企业的金融选择权；同时，由于不可能所有的实体企业都各自创办金融机构，因此那些无力创办金融机构的绝大多数实体企业依然处于缺乏金融选择权的境地。而不论实体企业如何创办金融机构，并不直接解决城乡居民的金融选择权扩大的问题，即并不解决资金供给者如何将消费剩余资金通过金融市场投入实体企业的资源配置过程中的问题。由此来看，问题的重心在于如何使得实体企业和城乡居民能够直接进入金融市场。

在完全竞争市场中，价格既不是由卖方决定，也不是由买方决定，而是由买卖双方的三向竞争决定的。在消费剩余资金的金融运作权利有保障的条件下，居民部门的资金将通过每个居民自由选择，或用于购买股票、债券、基金和其他金融产品，或用于存款。在存款利率低廉的条件下，商业银行等金融机构将流失大量存款资金，这迫使它们按照金融市场的竞争性价格水平进行存款定价。另一方面，实体企业需要的资金可以通过自主地发行债券、股票和其他金融产品从金融市场中获得，也可通过银行贷款等方式获得，商业银行等金融机构再以高于市场价格的贷款利率向实体企业放贷，就将面临贷款难以放出的风险，这迫使它们按照金融市场的竞争性价格水平进行贷款定价。由此可见，在实体经济部门拥有金融权力的条件下，金融产品的价格体系将在竞争中趋于成熟和完善。

债券和股票是标准化金融产品，发行和交易处于公开市场之中，投资者根据公开披露信息监督和用脚投票制约着它们的价格走势，风险由众多的投资者分散性承担；存贷款是非标准化金融产品，通常难以进行连续性交易，对应资金的流量、流向和效应等信息并不公开，风险主要由相关商业银行等金融机构承担。所以，如果从金融风险承担角度看，合乎逻辑的制度安排是，大量发展债券、股票等金融产品，限制存贷款等金融产品的扩张。但外植性金融体系中的这些金融产品结构正好相反，其制度安排的内在机理是，在由众多实体企业和城乡居民持有债券、股票等金融产品的条件下，行政可控性就大大降低了；反之，通过存贷款机制将实体企业和城乡居民的资金集中于商业银行等金融机构之中，政府部门运用行政机制进行掌控就容易多了。由此来看，"金融回归实体经济"的实质是重新理顺政府和市场的关系，发挥市场机制在配置金融资源方面的决定性作用。因此，它是中国金融改革中需要解决的基本问题。

以公司债券为抓手改革金融体系

与单向改革相比，金融体系改革更加复杂困难，面对商业银行依然是中国金融体系的主体部分、存贷款在金融产品总量中所占比重远高于其他金融产品总和的状况，一旦举措不慎，将引致整个金融体系的大震荡（甚至可能引致某种程度上的危机），改革的推进更需要慎之又慎。

从各种金融产品对比看，在推进金融体系转变过程中，公司债券有着一系列独特的功能：

第一，存贷款的替代品。从性质上看，公司债券与存贷款一样都属于债权债务性金融产品。从利率上看，公司债券利率对资金供给者和资金需求者来说属于同一利率,有着克服存贷款利率差别的功能;在风险相同的条件下,公司债券利率水平低于贷款利率却高于存款利率;同时,由于各只公司债券质量不尽相同,公司债券的利率复杂程度明显高于存贷款,这有利于满足不同的资金供给者和资金需求者的需要,也有利于为衍生性金融产品的开发创新提供条件。在充分发展公司债券的条件下,商业银行吸收的存款数额和发放的贷款都将随公司债券发行规模扩展而减少。这将引致三方面重要变化:其一,以存款计量的货币供应量的降低。到2013年9月,中国的广义货币(M2)的余额已达107.74万亿元(为GDP的2倍),其中,人民币各项存款余额达到103.09万亿元。如若以公司债券替代居民存款,则44.31万亿元居民存款中的一部分转化为买债资金,不仅有利于提高居民的财产性收入,而且将引致M2大幅减少。其二,促使货币政策调控机制转型。在公司债券大量发展中,人民银行继续调控存贷款基准利率已无意义,控制新增贷款也失去了应有效应,由此,将促使货币政策的行政性调控机制向市场机制所要求的间接调控方式转变。其三,迫使商业银行业务转型。在存贷款数额下降的条件下,商业银行的继续依赖存贷款业务来拓展经营的空间已大大压缩,这样一来,它们就不得不着力推进非存贷款业务的发展,提高金融服务质量,实现资产结构调整、商业模式转变。

第二,改善资金错配。大力发展公司债券,实体企业通过发债获得中长期资金(在发达国家中,它的位次远高于股票),则能够有效改善信贷资金的期限错配状况。

第三,推进债务率降低。实体企业的债务率主要表现为由银行贷款引致的负债。在以公司债券替代银行贷款的条件下,由于长期债券具有准资本的功能，所以，短期债务率将明显降低（由此引致的风险也将明显降低）。这有利于推进实体企业的运行稳定。

第四，推进资产证券化。资产证券化以债券市场的成熟为前提。如若公司债券的大量发行交易能够推动债券市场的成熟，则资产证券化的基础条件将日臻完善，否则，资产证券化难以充分开展。

第五，推进商业银行业务转型。公司债券的大量发行，减少了银行吸收存款的数量和发放贷款的数量。同时，既为银行业务转型提供了金融市场条件，又给这种转型以较为充分的时间。

第六，缓解小微企业的融资难。在大中型企业普遍通过发债获得运作资金的条件下，银行只能将贷款资金集中向小微企业投放，由此，将缓解小微企业的融资量小、融资利率高等难题。

第七，熨平股市波动。在公司债券充分发展的条件下，居民资金分布于不同品质的债券品种，同时，债券市场利率对股市价格波动也有着制约功能，这样股市运行中的大起大落就能够得到缓解。

在公司债券回归直接金融的条件下，择机出台"贷款人条例"，以促进实体企业间的资金借贷市场发展；推进《票据法》修改，增加实体企业的融资性商业票据，提高货币市场对调节实体企业短期资金供求的能力；逐步推进金融租赁机制的发展，准许实体企业根据经营运作的发展要求，设立融资租赁公司或介入融资租赁市场。在这些条件下，中国的金融体系将切实回归实体经济。